AI 智能运营

从入门到精通

任嘉兴 ◎ 编著

北京大学出版社
PEKING UNIVERSITY PRESS

内 容 提 要

本书从多个方面介绍了如何整合AI技术进行运营工作，包括AI与用户运营的融合、精细化运营策略的构建、智能内容创作助手的运用、AI驱动分析决策。

读者可以通过本书学习如何利用AI处理运营工作，从而更好地满足目标受众需求，提高内容质量，做出更准确的决策，并提升工作效率。本书内容丰富实用，旨在帮助读者适应数字化时代的挑战，实现运营工作的智能化和高效化。

图书在版编目（CIP）数据

AI智能运营从入门到精通 / 任嘉兴编著. —— 北京：
北京大学出版社, 2024.9. —— ISBN 978-7-301-35453-7
Ⅰ. F713.365.2
中国国家版本馆CIP数据核字第2024T5U491号

书　　　名	AI智能运营从入门到精通	
	AI ZHINENG YUNYING CONG RUMEN DAO JINGTONG	
著作责任者	任嘉兴　编著	
责 任 编 辑	王继伟　刘 倩	
标 准 书 号	ISBN 978-7-301-35453-7	
出 版 发 行	北京大学出版社	
地　　　址	北京市海淀区成府路205号　100871	
网　　　址	http://www.pup.cn　　新浪微博：@北京大学出版社	
电 子 邮 箱	编辑部 pup7@pup.cn　　总编室 zpup@pup.cn	
电　　　话	邮购部 010-62752015　发行部 010-62750672　编辑部 010-62570390	
印 刷 者	河北博文科技印务有限公司	
经 销 者	新华书店	
	880毫米×1230毫米　32开本　6.25印张　133千字	
	2024年9月第1版　2024年9月第1次印刷	
印　　　数	1–4000册	
定　　　价	49.00 元	

未经许可，不得以任何方式复制或抄袭本书之部分或全部内容。
版权所有，侵权必究
举报电话: 010-62752024　电子邮箱：fd@pup.cn
图书如有印装质量问题，请与出版部联系，电话：010-62756370

前言

随着 AI 技术的飞速发展，业界逐渐认识到通过 AI 技术建立业务自动化流程等方式，能够有效降低运营成本并且提升效率。如何充分利用 AI 技术的力量，使运营工作更加高效和智能，就成为至关重要的问题。

AI 运营并不是指某个特定的职位，而是 AI 时代运营从业者需要掌握的通用能力。然而，虽然很多运营人员使用了一些 AI 工具（如 ChatGPT、文心一言、讯飞星火认知大模型等），也学习了一些提示词技巧，但是在实际工作中遇到问题时还是不知道怎么解决，比如：

● 使用 AI 生成了大量内容，却发现这些内容难以应用在实际工作场景中；

● 希望使用 AI 进行数据分析，却不知道应该用什么样的方法进行分析；

● 希望使用 AI 制定业务运营策略，但又不知道策略的底层逻辑和实操方法；

● 希望使用 AI 为运营工作赋能，但不清楚 AI 能在哪些方面发挥作用。

为了帮助运营从业者解决上述问题，本书将从三个方面进行详细介绍。

1. AI 的底层逻辑与应用方法

本书将从多个角度探讨 AI 的底层逻辑和应用方法，从而帮助运营人员了解 AI 对运营人员和整个行业可能带来的潜在影响，并且更有效地与 AI 进行交互。

2. AI 时代的运营通用技能

除了理解 AI 的底层逻辑，运营人员还需要掌握一些策略方法，以更具体地与 AI 进行交互。本书将涵盖运营工作中的基础技能和一些进阶技能，并对一些复杂的数据知识进行简化，使运营人员能够轻松掌握其背后的逻辑并灵活加以应用。

3. AI 赋能运营的实操案例

本书介绍了如何将运营策略与 AI 进行结合，通过分析实际案例和提供具体的操作步骤，使运营人员能够清晰地理解每个环节的变化。同时，运营人员也可以根据自身的业务需求，定制更合适的模型，以进一步提升运营效果。

最后需要说明的是，AI 的赋能效果最终受限于运营人员自身的思维方式和知识储备。

例如，当用户出现流失时，很多运营人员常常通过单一维度来判断流失原因。然而，用户流失可能受到多种因素的影响，仅仅基于表面特征的挖掘并不能为减少用户流失提供有效策略。

作为直面用户的运营人员，如果掌握一些专业技能，如使用 AI 对大数据进行处理，并结合朴素贝叶斯算法对用户流失进行条件预测，就可以更好地判断流失原因。通过建立科学的用户流失模型，运营人员既能更加深入地了解用户，也能展现其良好的专业素养。

AI 与运营的结合有无限可能，愿我们共同迎接智能化未来。

温馨提示： 本书附赠 AI 智能运营相关视频资源，读者可以通过扫描封底二维码，关注"博雅读书社"微信公众号，找到资源下载栏目，输入本书 77 页的资源下载码，根据提示获取。

目录 Contents

第一章 AI 运营的崭新时代

1.1 AI 的前世今生　/ 002

1.2 AI 对运营行业的影响　/ 005

1.3 AI 的底层逻辑与应用　/ 008

第二章 构建精细化运营策略

2.1 用户精准运营：用户分层及分群方法　/ 015
  2.1.1 ABC 分类法　/ 015
  2.1.2 RFM 模型　/ 021
  2.1.3 VALS 系统　/ 028
  2.1.4 波士顿矩阵　/ 032

2.2 用户画像解析：解读用户的群体特征　/ 039

2.3 积分激励体系：提高用户的行为价值　/ 049

2.4 用户生命周期：运营用户的底层逻辑　/ 056

2.5 个性推荐系统：购物篮关联规则算法　/ 060

第三章 智能内容创作助手

3.1 挖掘内容选题：拓展海量的创意来源 / 068
3.2 构思视频脚本：生成高质量视频脚本 / 071
3.3 内容降重处理：降低内容的重复程度 / 075
  3.3.1 语言词汇替换 / 076
  3.3.2 内容结构调整 / 077
  3.3.3 内容扩充完善 / 078
  3.3.4 调整时态语气 / 079
3.4 打造爆款标题：优质文案素材的学习 / 080
3.5 制作调研问卷：调研用户的相关需求 / 085
  3.5.1 KANO 模型 / 085
  3.5.2 MaxDiff 模型 / 090
  3.5.3 联合分析模型 / 093
3.6 内容文本分析：洞察用户的潜在偏好 / 097
  3.6.1 文本词频分析 / 097
  3.6.2 文本情感分析 / 100
3.7 策划活动方案：RSM 活动模型的训练 / 102
3.8 撰写运营周报：优化工作的展示成果 / 108

第四章 AI 驱动分析决策

4.1 数据的力量：AI 提高数据分析效率 / 114
4.2 运营数据分析基础：入门技能与理论框架 / 121
  4.2.1 指标体系搭建：解构业务的指标密码 / 122
  4.2.2 多维度拆解法：化繁为简的拆解策略 / 123

- 4.2.3 假设检验分析：逻辑推理与统计推断 /125
- 4.2.4 5W2H思维模式：七维视角思考框架 /126
- 4.2.5 A-B测试实验：优化决策的科学验证 /129
- 4.2.6 漏斗转化模型：剖析关键的转化节点 /131

4.3 运营数据分析进阶：高阶技巧与算法模型 /133
- 4.3.1 描述统计学：掌握数据统计相关概念 /133
- 4.3.2 数据标准化：构建数据的一致性框架 /138
- 4.3.3 四分位数法：快速实现数据范围划分 /146
- 4.3.4 层次分析法：主观决策权重计算方法 /150
- 4.3.5 熵值分配法：客观决策权重计算方法 /158
- 4.3.6 卡方检验法：揭示数据之间的独立性 /164
- 4.3.7 朴素贝叶斯：基于特征进行概率预测 /167
- 4.3.8 K均值聚类：科学化的数据聚类算法 /173
- 4.3.9 线性回归分析：判断变量关联与趋势走向 /182

第一章

AI 运营的崭新时代

1.1 AI 的前世今生

在当今科技迅速发展的时代，我们正身处人工智能（Artificial Intelligence，AI）带来的深刻变革中。AI 的发展已不再是遥不可及的未来，它正逐渐成为我们日常生活的一部分。

AI 的历史可以追溯到 20 世纪 50 年代，早期的研究者们梦想着创造一个能够像人一样思考和解决问题的机器，AI 的概念由此产生。

1950 年，艾伦·麦席森·图灵（Alan Mathison Turing）提出了著名的"图灵测试"，其核心思想是如果一个人无法通过对话来确定他是与人类还是机器交流，那么就可以认为该机器具备智能。图灵测试的提出标志着对机器智能的探讨从理论构想迈入了实际检验阶段。

1956 年，第一个 AI 程序"逻辑理论家"（Logic Theorist）出现。该程序由艾伦·纽威尔（Allen Newell）和赫伯特·西蒙（Herbert Simon）开发，是世界上第一个能够模拟人类解决数学问题的程序。同年，在达特茅斯会议上，约翰·麦卡锡（John McCarthy）等学者首次提出了"人工智能"这一术语，为这一新兴领域奠定了命名基础。

1959 年，亚瑟·塞缪尔（Arthur Samuel）提出了"机器学习"（Machine Learning）这一概念。他强调计算机系统能够通过学习提升智能水平，并形象地表示"这样它甚至比编写跳棋程序的人更会玩跳棋"。这一概念的提出，标志着机器学习理论正式诞生，使计算机从仅仅能执行预设任务的工具转变为可以通过基于经验和数据不断优化性能的智能体。

1966 年，约瑟夫·魏泽鲍姆（Joseph Weizenbaum）开发了一个名为"伊丽莎"（Eliza）的计算机程序。这标志着世界上第一个聊天机器人（会话模拟器）的诞生。伊丽莎能够针对特定的关键词和短语作出回应，模仿人类与心理治疗师之间的对话。这一早期的聊天机器人为后来人机交互和自然语言处理领域的发展打开了大门。

1997 年，IBM 的超级计算机"深蓝"（Deep Blue）以卓越的计算能力和强大的搜索算法，击败了国际象棋世界冠军加里·卡斯帕罗夫（Garry Kasparov），从而引发世界轰动。"深蓝"的成功展示了计算机可以通过庞大的数据分析和高效的算法，在某些特定领域超越人类。这场胜利在 AI 领域产生了深远的影响，激发了人们对智能算法和机器学习能否解决更广泛问题的思考。

2011 年，IBM 的人工智能系统"沃森"（Watson）在美国知名知识竞赛节目《危险边缘》中夺冠。"沃森"并非依赖预设的编程规则，而是通过深度学习和自然语言处理技术，理解并回答复杂问题。这一胜利不仅彰显了 AI 在自然语言处理和知识获取方面的卓越能力，也预示着 AI 在医疗、金融等多个领域应用的广阔前景，为 AI 的未来发展树立了新的标杆。

2016 年，谷歌的 AI 机器人"阿尔法狗"（AlphaGo）击败了围棋世界冠军李世石。"阿尔法狗"并非仅仅是一个下棋程序，它利用了深度神经网络和强化学习算法，能够在极其复杂的围棋游戏中战胜人类。这场胜利不仅在围棋界引起了轰动，而且在科技领域掀起了一场讨论热潮。"阿尔法狗"的成功展示了深度学习技术在处理高度复杂、不确定性问题上的出色表现，同时也推动了 AI 在博弈、决策和优化等方面的广泛应用。这一事件加速了 AI 的发展，促使更多的企业和研究者投入 AI 深度学习领域。

2020 年，OpenAI 发布了 ChatGPT-3，这是一个规模庞大的自然语言处理模型，拥有约 1750 亿个参数。它的强大之处在于能够理解和生成自然语言，不仅可以回应用户的输入，还能够产生富有创意和上下文逻辑的文本。ChatGPT-3 的出现，表示 AI 的应用进入了一个新的阶段，其高度先进的语言生成能力不仅提升了人机交互的自然度，也为开发更复杂、更具创造性的语言应用提供了强有力的技术支持。这一成果推动了 AI 领域的发展，为后来更智能、更广泛应用的 AI 技术铺平了道路。

2023年，ChatGPT-3.5、ChatGPT-4.0、文心一言、Midjourney、Moonvalley等AI工具的出现，为AI领域带来了巨大的创新和进步。这一年，AI的发展呈现出迅猛的势头，新一代的语言模型和AI技术相继问世，使AI的应用范围达到了前所未有的广度和深度。从智能对话到文本生成，再到复杂的认知任务，这些新型AI系统的出现为科技创新和商业应用创造了更多的可能。

这里我们提到的AI，主要是指生成式AI，如ChatGPT和文心一言等预训练模型。通过学习数据中的联合概率分布，生成式AI不仅能分析现有数据，还能在归纳已有数据后展开演绎与创造，模仿并生成全新的内容。此外，它在自然语言生成方面也取得了显著的进展，具备理解上下文、连贯性语义和复杂对话等多种能力。这一技术的崛起不仅在设计、编程、教育、文案等领域掀起了创新的浪潮，而且也开始在科学、新媒体、医疗、化学等领域进行初步应用，为行业带来了显著的生产力提升。

比如，在美术设计领域AI可以跨模态生成内容（用一种数据来生成另一种数据）。设计师可以向AI输入绘画内容的文字描述，如绘画的主题、风格、背景、细节等，或者向AI上传一些参考图片素材，让AI进行相应的学习，最后让AI生成相应的创意图片，从而提高设计效率。

需要注意的是，根据麦肯锡的研究，生成式AI的潜在价值，大约有75%集中在用户运营、营销、软件工程和产品研发这四个方面。由此可见，AI会给这些行业带来巨大的机遇和挑战。我们可以看到，很多互联网"大厂"正在积极投入大模型的研发，并不断开发新的应用场景。随着AI被嵌入的场景越来越多，很多传统的业务模式可能会被重塑，而人们的生活方式也可能会被改变。

此外，AI也可能会影响一些工作岗位，造成一些人失业。比如，利用预训练的AI充当24小时在线客服，可以更高效地提供问询服务。显而易见，这会对传统的人工客服岗位带来冲击。当然，AI也可能会创造一些新的岗位，或推动一些岗位，如文案训练师、模型优化师、AI 音乐编辑师等进行智能化升级。

作为运营从业者，我们应该提前对此有所认知，让 AI 成为给我们赋能提效的工具。

1.2 AI 对运营行业的影响

随着 AI 技术的发展，运营行业迎来了一场深刻的变革。作为产品运营、用户运营、内容运营、活动运营等运营岗位中的一员，运营人员最关注的问题不外乎以下两个。

一是运营人员怎样通过 AI 为自身赋能？

二是运营人员怎样避免被 AI 取代？

为了更好地寻找答案，我们先梳理一下运营的职业特征。简言之，大部分运营人员的发展会经历以下几个阶段。

新人阶段： 担任纯执行角色，日常的工作比较琐碎，如写活动文案、做用户调研、做后台配置等。在这个阶段运营人员通常对运营的概念、流程和分工有了基本的了解，后期能单独负责一项工作。

骨干阶段： 担任策划角色，工作内容有一定的重复性，如定期开展活动或分析数据等。在这个阶段运营人员已经具备一定的运营意识和专业技能，能够参与核心业务的运营，并背负关键指标，如活跃率、留存率等。

专家阶段： 担任负责人角色，开始从商业及策略视角看待问题，着力于建设体系化的运营机制。在这个阶段运营人员已经具备较强的专业能力和管理能力，同时掌握了系统的运营知识，能够全面主导业务的运营。

从这条运营成长路径可以看出，在中早期阶段，运营人员的工作偏向于流程化和重复性；而在中后期阶段，运营人员的工作更偏向于专业性和策略性。

与此同时，我们也要看到运营人员的职业发展困境。

首先，运营人员的工作经验迁移较为困难。由于每个企业的业务、需求以及资源的不同，导致运营人员在不同企业的定位和工作内容都不一样，即使跳槽也大概率在同行业。因此运营岗位实际上是一种个性化定制岗位，这就导致运营人员在一家企业的工作经验很难迁移到另外一家企业。作为运营人员，我们应当意识到这个问题，尽早建立起能够迁移的通用知识体系，以提高自身的容错能力和市场议价能力。

其次，部分运营工作存在可替代性。有些运营人员的工作内容是标准化较高、重复性较强的基础工作，这类运营人员具有较高的可替代性。因为将标准化的流程工作交给外包公司、实习生，将技术性的工作交给专业运营人员，可以节省成本，已经成为整个运营行业的趋势。因此，运营人员应该着重提升自身的专业技能，并争取参与优质项目的机会，以提高自身的核心价值及市场竞争力。

最后，运营人员需要保持终身学习。随着互联网的高速发展，运营手段的有效周期越来越短，用户的期待越来越高，获客和维系成本也越来越高。时代在变，用户在变，平台在变，规则在变，运营人员唯有具备终身学习意识，才能应对这个多变的时代。

根据运营岗位的这些特征，再结合生成式 AI 的技术优势，不难发现，AI 可以协助运营人员优化以下工作。

（1）标准化、重复性的工作

对于具有一定框架、流程和重复性的工作，AI 可以有效帮助运营人员提高生产力，从而解放劳动力。比如，调整已形成固定格式的文案及海报、对每日定时推送的内容进行更新、建设固定类目下的优质互动话题等。

（2）创意性的工作

对于需要创意和创新的工作，AI可以为运营人员提供源源不断的创意来源，有效缓解了人类思维可能遭遇的创意瓶颈。比如，生成符合目标受众的营销广告创意、为产品的设计和优化拓展提供新思路和方向、策划品牌活动的创意玩法等。

（3）专业性、技术类的工作

对于需要一定专业技能或底层逻辑的策略性工作，AI可以帮助运营人员实现高效的产出，并保证产出质量。比如，使用AARRR模型完成转化分析、使用朴素贝叶斯搭建用户流失模型、使用逻辑树进行业务评估等。

那么如何让AI为运营工作赋能呢？主要有以下三种方式。

（1）提供明确的解决方案，让AI执行操作

该方式是指运营人员知道解决问题的策略方法和实施细节，并明确传达给AI，使其执行具体的操作。

（2）提供大致解决方案，让AI完善方案

该方式是指运营人员只知道大概的策略方法，但不了解具体细节，这时可以让AI完善和细化具体的实施方案。

（3）提供目标期望结果，让AI补全方法

该方式是指运营人员只知道目标和结果，但不知道如何完成，这时可以让AI补全策略方法和实施方案。

需要注意的是，AI的赋能效果最终取决于运营人员自身的专业技能和思维能力。对于那些缺乏基础的运营逻辑及专业技能的运营人员来说，AI对他们的帮助可能就比较有限；而对于那些具备较为专业的方法论的运营人员来说，AI则可以将他们的价值进行放大。运营人员的专业素养越高，AI能够提供的帮助也就越大。

因此，专业技能是让AI有效协同运营工作的底层逻辑。就像一个会"多渠道策略触达"的运营和一个只会"以老带新模式"的运营，其认

知水平完全不在一个层次。因为多渠道策略触达既要分析用户数据和渠道差异化特性，还要进行用户分层和权益差异化设计等，这些都涉及运营的专业技能。所以，学习并掌握一些运营的策略和方法，将有助于让 AI 更高效、更准确地帮助我们提升运营效率及交付质量。

1.3 AI 的底层逻辑与应用

随着使用 AI 的行业越来越多，关于 AI 的提示词，已经形成不同的训练方法和流派，比如，提示词工程、私有模型训练等。这些概念五花八门，但其逻辑都是围绕"结构化指令"展开的。

构建结构化指令的 4 个步骤如下。

（1）描述背景

描述任务相关的背景，描述的相关信息越多，AI 的理解就会越精准，从而给出相对靠谱的回答。

（2）下达指令

完成背景描述后，接下来就可以给 AI 下达指令。比如，撰写一份数据分析报告、制订一份工作计划等。目标应简洁、易懂、清晰，不要长篇大论，否则会对 AI 形成干扰。

（3）定义细节

当 AI 理解了背景和指令后，还需要给它一定的要求，这些要求越具体越好。就像我们给一个人安排工作，仅仅告诉他"写一篇文章"是不够的，还需要告诉他重点是什么、字数是多少、风格是要严肃还是有趣等。这样 AI 才能更好地生成符合我们需求的内容。

（4）调整改进

AI 生成内容后，我们可以对内容继续进行优化和完善。如果 AI 的回答没有达到理想标准，或者和预期相差过大，这可能表示提示词乃至提问逻辑存在问题，我们就需要进行相应的改进。如果 AI 生成的内容质量不错，但是不够深入，我们可以采用追问的方式，要求它继续完善某些内容。

那么这个结构化指令是否真的有用呢？以下是一份没有使用结构化指令的游戏玩家见面会方案。

运营输入： 我计划举办一场游戏玩家见面会，请你为我制定见面会的方案。

AI 输出：

以下是我为您制定的一份游戏玩家见面会方案，您可以根据您的具体需求和目标进行调整。

1. 明确目的

明确您举办游戏玩家见面会的目的是什么，是建立更紧密的用户关系、收集反馈、介绍新产品还是其他目的？

2. 策划会议日程

制定详细的会议日程，包括开场致辞、主题演讲、互动、培训、产品展示等环节。确保时间安排合理，避免会议时间过长。

3. 选择合适的场地

根据参与人数和活动性质选择合适的场地。确保场地能够容纳所有参与者，并提供必要的设施和设备。

4. 确定参与者名单

确定参与者名单，确保邀请到关键用户、潜在客户和其他利益相关者。

5. 发送邀请函和确认参与

发送个性化的邀请函，邀请函的内容包括会议信息、日程、地点等，并设立确认参与的机制。

6. 设计互动环节

创建一些互动环节，如小组讨论、问答环节、网络游戏或其他创意活动，以促进参与者之间的交流。

7. 准备演讲和展示材料

为主题演讲者和产品展示者提供必要的支持，以确保他们准备充分，演讲内容有深度。

8. 提供网络直播服务

如果有远程参与者，可以提供网络直播服务，以确保更多人能够参与活动。

9. 安排用餐和休息时间

安排合理的用餐和休息时间，为参与者提供交流的机会。

10. 收集反馈

设立反馈渠道，通过问卷、互动环节或其他方式，收集参与者对活动的意见和建议。

11. 活动后的跟进

活动结束后，及时发送感谢邮件，并跟进收集到的反馈，对活动的经验进行总结，以便今后进行改进。

12. 宣传和社交媒体

在活动前后进行宣传，通过社交媒体分享活动照片和参与者的感言，提高品牌知名度。

最后，在整个过程中，确保与参与者保持交流，提供良好的体验，以达到您的预期目标。祝您的游戏玩家见面会取得圆满成功！

我们可以发现 AI 给出的回答，既缺乏具体的方案，也缺乏实操性，是一份无法应用的无效方案。为此，**我们需要增加一些活动背景和细节描述，让 AI 更好地理解我们的需求，并且按照我们的要求完成输出。** 以下是使用了结构化指令的 AI 方案。

> **运营输入：** 你是一名活动策划专家，我是一家游戏公司的负责人，我打算举办一场游戏玩家见面会。活动预算为 10 万元，活动日期待定，活动时间为 14：00—19：00，活动地点是万豪酒店，预计有 200 人参加，其中包括 20 名员工。活动要包括 4 个环节，分别是开场演讲、现场抽奖、晚宴、合影留念。请帮我制定详细的见面会方案。

AI 输出：

一、游戏玩家见面会方案

日期：具体日期待定

活动时间：14：00—19：00

地点：万豪酒店

预算：10 万元

参与人数：200 人（包括 20 名员工）

二、活动日程安排

1. 14：00—14：30　签到与欢迎

签到入场：在入场处设置专门的签到台，分发活动胸卡和资料。

欢迎茶歇：签到期间提供小食与饮品，营造轻松愉快的氛围。

2. 14：30—15：30　开场演讲

公司介绍：使用短视频或图文介绍公司的发展史。

游戏介绍：介绍游戏产品的亮点和即将更新的内容。

嘉宾分享：提前邀请一些嘉宾分享游戏心得和故事。

互动问答：利用手机投票或活动社群，增强现场用户的互动性和参与体验。

3. 15：30—16：30　互动体验与现场抽奖

互动体验：设置游戏体验区，供参与者进行体验。

现场抽奖：准备有吸引力的奖品，吸引参与者积极参与。

4. 16：30—18：30　晚宴与活动

美味晚宴：安排精美的自助餐，提供多种菜式和饮品。

桌游角落：在晚宴区域设置桌游角落，供参与者进行交流或娱乐。

5. 18：30—19：00　致辞与合影留念

感谢致辞：表达对参与者的感激之情。

颁奖仪式：为优秀参与者颁发奖项和礼品。

集体合影：提前安排专业摄影团队，为参与者拍摄集体合影。

三、预算分配

1. 场地租赁及设备费用：3 万元

酒店包场费用

舞台、音响设备租赁

2. 餐饮费用：3 万元

晚宴自助餐费用

茶歇和饮品费用

3. 人员费用：2 万元

嘉宾邀请费用

摄影团队费用

4. 礼品费用：1.5 万元

活动纪念品

现场抽奖奖品

5. 宣传物料费用：1 万元

宣传册、活动胸卡印刷费用

展台、易拉宝费用

广告营销费用

6. 运营团队费用：0.5 万元

活动策划和执行团队费用

服务、安保和急救团队费用

7. 其他意外费用：0.5 万元

预留一部分用于应急和未预料到的费用

四、注意事项

游戏宣传：制作活动标识、宣传册，提高品牌知名度。

媒体营销：制订社交媒体推广计划，增加在线参与度。

活动反馈：设立反馈渠道，收集参与者意见。

安全保障：确保参与者的安全和舒适度。

这份方案是一个基本框架，您可以根据实际情况进行调整。祝您的游戏玩家见面会取得圆满成功！

　　这次 AI 给出的方案已经具有一定的实用价值。如果我们希望对某个方面进行调整改进，如增加用户接待流程，那么只要继续向 AI 进行相应的提问即可。

　　需要注意的是，生成式 AI 在数学计算上存在短板。在这个案例中，我们的活动预算是 10 万元，而按照 AI 的策划，场地租赁及设备费用3万元、餐饮费用3万元、人员费用2万元、礼品费用1.5万元、宣传物料费用1万元、运营团队费用0.5万元、其他意外费用0.5万元，相加总计却变成了11.5万元。**因此，对于AI给出的和数学计算有关的内容，运营人员一定要多加检查，及时纠错。**

其实**结构化指令，就是将某一项工作的执行方法及具体流程告知AI，再经过不断测试，最终形成一套标准的指令模板，而运营人员要做的只是替换其中的变量或参数**。比如，我们把活动策划模型和要求通过结构化指令告诉AI，然后进行训练和调整，当这套结构化指令可以批量、稳定、优质地输出活动策划方案后，后期只需要调整其中的变量或参数（如产品名称、活动价格、活动时间等）就可以实现结构化指令的复用。

本书的大部分章节没有使用整段结构化指令，而是将其拆分成了多条提示词指令，这是希望大家能够理解指令的递进式生成过程，并且真正学会每一项策略的底层逻辑和应用方法，从而根据自己的需求创建结构化指令。如果您需要使用整段结构化指令，只需要将多条指令整合成一段指令即可。

第二章

构建精细化运营策略

2.1 用户精准运营:用户分层及分群方法

随着互联网行业的快速发展,传统的粗放式营销已经无法满足个性化、精细化的运营需求。在这种背景下,用户分层已成为互联网运营的常见策略之一。

通过对用户数据的深入挖掘与分析,运营人员可以根据用户的特征、行为和价值等,将用户划分为不同的群体,比如,活跃用户、沉默用户或高价值用户等,从而更好地分析用户的需求和行为模式,并制定个性化的策略,为企业创造更大的商业价值。

为了更好地进行用户分层,运营人员需要掌握一些常用的分层或分类方法,如 ABC 分类法、RFM 模型和 VALS 系统等。虽然波士顿矩阵是用于市场分析的模型,但其原理同样适用于用户分层。本节将对这四种模型进行详细介绍,以帮助运营人员掌握和应用这些方法。

2.1.1 ABC 分类法

1. 模型概念

ABC 分类法是一种广泛应用于项目管理、库存管理和经济学领域的分类方法。它基于帕累托原则,即认为大部分问题是由小部分原因造成的。但不同于二八法则的是,ABC 分类法将管理对象分为 A、B、C 三类,从而有针对性地制定策略和分配资源,如图 2.1 所示。

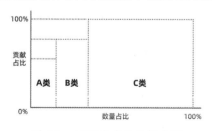

图 2.1 ABC 分类法的概念图

A 类：重要价值

A 类业务通常占据整体数量的小部分，但它们的价值贡献相对较高，通常对应关键业务。A 类业务对于整体业务的发展或盈利有重大影响，需要重点关注。

B 类：次要价值

B 类业务在数量和价值贡献上处在 A 类和 C 类之间，其需要一定程度的关注，但不像 A 类业务那样紧急或关键。

C 类：一般价值

C 类业务通常占据整体数量的大部分，但它们的价值贡献相对较低。

在项目管理中，ABC 分类法可以用于资源分配、任务划分、风险评估等方面。例如，在资源分配方面，A 类项目往往被认为是最重要的，所以会得到最多的资源支持；而 C 类项目则相对不那么重要，得到的资源支持也相对较少。

在库存管理中，ABC 分类法常被用于控制库存水平、降低库存成本。比如，A 类产品或物料被认为是价值最高的，也是最关键的，因此需要重点管理和维护；而 C 类产品或物料则相对不那么重要，因此可以适当减少库存量和入库频率。

在运营工作中，ABC 分类法可以帮助我们快速衡量不同用户、商品、内容的价值大小。比如，在用户分析中，A 类用户被认为是最重要的用户群体，他们的消费行为和需求对业务的影响最大，我们可以对其进行重点关注及研究。

2. 分析步骤

ABC 分类法的分析步骤如图 2.2 所示。

图 2.2　ABC 分类法的分析步骤

（1）选取关键指标

关键指标的选取应当与需要解决的问题或目标相关。例如，在项目运营中，我们可能关注成本、时间、质量等指标；在电商库存管理中，我们可能关注库存量、库存成本、周转率等指标；在用户运营中，我们可能关注消费金额、复购次数、活跃度等指标。假设这里选取的关键指标是商品的销售额。

（2）指标数据求和

指标数据求和是指计算指标数据的总和。以指标为商品的销售额为例，我们需要对全部商品的销售额进行求和，得到总销售额。

（3）计算累计占比

计算累计占比是指计算每个指标的累计占比，这个占比可以帮助我们了解当前数据在全部数据中的累计占比。例如，某个商品的销售额占总销售额的 80%，那么这个商品往往被认为是 A 类商品。

（4）定义用户分类

该步骤涉及定义 A、B、C 三类业务的分类条件，这些条件通常是根据业务特征或分层目标来设定的。例如，将销售利润占总利润 70% 的商品定义为 A 类商品；将销售利润占总利润 20% 的商品定义为 B 类商品；将销售利润占总利润 10% 的商品定义为 C 类商品。需要注意的是，ABC 分类法的分类没有既定的数值定义，需结合实际业务灵活调整。

3. 模型应用

接下来我们将通过一个案例来展示在 ABC 分类法下如何利用 AI 进行用户分层。

已知某互联网电商平台不同用户的消费金额信息,现在需要对用户进行价值分层,以找到需要重点运营的用户群体。

首先获取"用户消费行为"的原始数据,如表 2.1 所示。

表 2.1 原始数据

用户ID	消费金额(元)
用户2	13622
用户4	5290
用户6	3231
用户8	1080
用户9	836
用户1	14904
用户3	7575
用户7	1725
用户5	4052
用户10	451

以上数据展示了不同用户在一段时间内的消费金额,包含用户 ID 和消费金额(元)字段。

第一步:将原始数据发送给 AI。

> **运营输入**:这是一份原始数据,请将其以表格形式呈现。

AI 输出:

以下是根据您提供的原始数据整理而成的表格。

用户ID	消费金额(元)
用户2	13622
用户4	5290
用户6	3231
用户8	1080
用户9	836
用户1	14904
用户3	7575
用户7	1725
用户5	4052
用户10	451

这个表格显示了每个用户的 ID 和他们的消费金额。

第二步：将消费金额按降序排列。

> **运营输入**：请将消费金额按降序排列。

AI 输出：

以下是将消费金额按降序排列后的表格。

用户ID	消费金额（元）
用户1	14904
用户2	13622
用户3	7575
用户4	5290
用户5	4052
用户6	3231
用户7	1725
用户8	1080
用户9	836
用户10	451

现在已经将用户按消费金额降序排列了，即从最高消费金额到最低消费金额依次排列。

第三步：求总消费金额。

> **运营输入**：计算总消费金额。

AI 输出：

要计算总消费金额，您只需将所有用户的消费金额相加即可。总消费金额 =14904+13622+7575+5290+4052+3231+1725+1080+836+451=52766（元）。

第四步：求累加金额。

> **运营输入**：新增一列"累加金额（元）"，依次累加所有用户的消费金额。例如，用户 1 和用户 2 的累加金额为 14904+13622=28526（元），表示前两个用户的购买金额之和。

AI 输出：

以下是新增了"累加金额（元）"列之后的表格。

```
用户ID    消费金额(元)   累加金额(元)
-------+-------------+-------------
用户1       14904         14904
用户2       13622         28526
用户3        7575         36101
用户4        5290         41391
用户5        4052         45443
用户6        3231         48674
用户7        1725         50399
用户8        1080         51479
用户9         836         52315
用户10        451         52766
```

"累加金额（元）"列显示了每个用户及其前面所有用户的消费金额之和。

第五步：求累加占比。

运营输入：新增一列"累加占比"，累加占比 = 累加金额 / 总消费金额。

AI 输出：

以下是新增了"累加占比"列之后的表格。

```
用户ID    消费金额(元)   累加金额(元)   累加占比
-------+-------------+-------------+---------
用户1       14904         14904       0.28245
用户2       13622         28526       0.54061
用户3        7575         36101       0.68417
用户4        5290         41391       0.78443
用户5        4052         45443       0.86122
用户6        3231         48674       0.92245
用户7        1725         50399       0.95514
用户8        1080         51479       0.97561
用户9         836         52315       0.99145
用户10        451         52766       1.00000
```

"累加占比"列显示了每个用户及其前面所有用户消费的累加金额在总消费金额中的累加占比。例如，用户1对应的累加占比是0.28245，表示用户1的累加金额占总消费金额的28.25%。

第六步：定义用户分类。

运营输入：新增一列"用户分类"，根据累加占比将用户划分为A、B、C三类。

A 类用户：累加占比 < 60%。

B 类用户：60% ≤ 累加占比 < 90%。

C 类用户：累加占比 ≥ 90%。

AI 输出：

根据累加占比的定义，我们可以将用户分为 A 类、B 类、C 类。以下是新增了"用户分类"列的表格。

用户ID	消费金额(元)	累加金额(元)	累加占比	用户分类
用户1	14904	14904	0.28245	A
用户2	13622	28526	0.54061	A
用户3	7575	36101	0.68417	B
用户4	5290	41391	0.78443	B
用户5	4052	45443	0.86122	B
用户6	3231	48674	0.92245	C
用户7	1725	50399	0.95514	C
用户8	1080	51479	0.97561	C
用户9	836	52315	0.99145	C
用户10	451	52766	1.00000	C

AI 已经完成了用户分层。需要注意的是，ABC 分类法虽然将管理对象分为了 A、B、C 三类，但这并不代表该模型只有三个分类。我们可以根据业务需要，对分类数量进行调整，比如，设置 A、B、C、D、E 五个分类，但不建议设置太多分类，否则可能会导致数据不够直观，或者难以解释。

2.1.2 RFM 模型

1. 模型概念

RFM 模型是一个经典的用户价值研究模型，也是互联网运营经常使用的一种用户分层模型。该模型基于用户的最近一次消费（Recency）、消费频率（Frequency）和消费金额（Monetary）这三个核心指标来对用户进行价值评估和分类，以帮助企业更好地了解和区分用户，如图 2.3 所示。

图 2.3 RFM 模型的核心指标

2. 分析步骤

RFM 模型的分析步骤如图 2.4 所示。

图 2.4 RFM 模型的分析步骤

（1）选取分析指标

选取分析指标是指明确哪些指标对于 RFM 模型分析是必要的。

（2）计算核心指标

首先计算用户最近一次购买时间距今的间隔天数 R 值，然后根据用户的消费频率来确定 F 值，最后计算每个用户的消费金额 M 值。

（3）对 R、F、M 进行分级

分级方法通常有以下几种。

均值分级法：计算 R、F、M 的总体平均值，然后将每个用户的 R、F、M 值与其进行比较。低于总体平均值的计为 0，高于总体平均值的计为 1，使 1 保持正向特征，0 保持负向特征。

加权得分法：首先计算每个用户的 R、F、M 值，并根据不同的权重进行加权平均。然后对所有用户的 R、F、M 加权平均值进行分析，根据不同的 R、F、M 加权平均值区间确定用户的价值层次。

分位数分级法：将每个用户的 R、F、M 值按照样本量分为若干个等份（如四分位数），再将 R、F、M 值与相应分位数的值进行比较，从而确定用户所属层级。

K 均值聚类算法：使用 K 均值聚类算法对 R、F、M 值进行聚类分析，将用户划分为不同的簇，从而找到具有相似性的用户群体。

（4）定义用户分类

RFM 模型通常将用户分为以下八种不同的类型。

重要价值用户：高得分 R、高得分 F、高得分 M。

重要发展用户：高得分 R、低得分 F、高得分 M。

重要保持用户：低得分 R、高得分 F、高得分 M。

重要挽留用户：低得分 R、低得分 F、高得分 M。

一般价值用户：高得分 R、高得分 F、低得分 M。

一般发展用户：高得分 R、低得分 F、低得分 M。

一般保持用户：低得分 R、高得分 F、低得分 M。

一般挽留用户：低得分 R、低得分 F、低得分 M。

3. 模型应用

接下来我们将通过一个案例来展示在 RFM 模型下如何利用 AI 完成用户分层。

已知某互联网电商平台用户的消费信息，现在需要使用 RFM 模型对用户进行价值分析，从而为后续的分层运营提供依据。

首先获取消费信息原始数据，如表 2.2 所示。

表 2.2 原始数据

用户ID	最近一次消费	消费频率	消费金额(元)
用户1	2023.7.12	11	1600
用户2	2023.2.14	23	3800
用户3	2023.5.8	20	4450
用户4	2023.1.3	9	2380
用户5	2023.2.25	6	460
用户6	2023.4.18	5	279
用户7	2023.9.6	17	3690
用户8	2023.6.29	14	1570
用户9	2023.9.17	18	6310
用户10	2023.8.22	30	6520

第一步：将原始数据发送给 AI。

> **运营输入**：这是一份原始数据，请将其以表格形式呈现。

> **AI 输出**：
>
> 以下是根据您提供的原始数据整理而成的表格。
>
> | 用户ID | 最近一次消费 | 消费频率 | 消费金额(元) |
> |---|---|---|---|
> | 用户1 | 2023.7.12 | 11 | 1600 |
> | 用户2 | 2023.2.14 | 23 | 3800 |
> | 用户3 | 2023.5.8 | 20 | 4450 |
> | 用户4 | 2023.1.3 | 9 | 2380 |
> | 用户5 | 2023.2.25 | 6 | 460 |
> | 用户6 | 2023.4.18 | 5 | 279 |
> | 用户7 | 2023.9.6 | 17 | 3690 |
> | 用户8 | 2023.6.29 | 14 | 1570 |
> | 用户9 | 2023.9.17 | 18 | 6310 |
> | 用户10 | 2023.8.22 | 30 | 6520 |
>
> 这个表格显示了每个用户的 ID、最近一次消费时间、消费频率、消费金额。

第二步：求最近一次消费距当前时间的间隔天数。

> **运营输入**：新增"间隔天数"列，间隔天数 = 当前时间 - 最近一次消费。

> **AI 输出**：
>
> 我已经为您添加了一个新的列，显示了距今间隔天数。以下是更新后的表格。

用户ID	最近一次消费	间隔天数	消费频率	消费金额(元)
用户1	2023.7.12	81	11	1600
用户2	2023.2.14	48	23	3800
用户3	2023.5.8	61	20	4450
用户4	2023.1.3	15	9	2380
用户5	2023.2.25	37	6	460
用户6	2023.4.18	75	5	279
用户7	2023.9.6	25	17	3690
用户8	2023.6.29	64	14	1570
用户9	2023.9.17	14	18	6310
用户10	2023.8.22	9	30	6520

第三步：更新列名称。

运营输入：将"间隔天数"列重命名为"R"，"消费频率"列重命名为"F"，"消费金额"列重命名为"M"。

AI 输出：

以下是重命名后的表格。

用户ID	最近一次消费	R	F	M
用户1	2023.7.12	81	11	1600
用户2	2023.2.14	48	23	3800
用户3	2023.5.8	61	20	4450
用户4	2023.1.3	15	9	2380
用户5	2023.2.25	37	6	460
用户6	2023.4.18	75	5	279
用户7	2023.9.6	25	17	3690
用户8	2023.6.29	64	14	1570
用户9	2023.9.17	14	18	6310
用户10	2023.8.22	9	30	6520

第四步：删除多余的列。

运营输入：删除"最近一次消费"列。

AI 输出：

以下是删除"最近一次消费"列后的表格。

用户ID	R	F	M
用户1	81	11	1600
用户2	48	23	3800
用户3	61	20	4450
用户4	15	9	2380
用户5	37	6	460
用户6	75	5	279
用户7	25	17	3690
用户8	64	14	1570
用户9	14	18	6310
用户10	9	30	6520

第五步：求 R 向量化。

运营输入： 新增"R 向量化"列，首先计算 R 值的整体平均值，如果用户的 R 值高于整体平均值，计为 1；如果用户的 R 值低于整体平均值，则计为 0。

AI 输出：

首先计算 R 值的整体平均值。整体平均值 =（81+48+61+15+37+75+25+64+14+9）/10=42.9。

然后将用户的 R 值与整体平均值进行比较，并添加新的"R 向量化"列。

用户ID	R	F	M	R向量化
用户1	81	11	1600	1
用户2	48	23	3800	1
用户3	61	20	4450	1
用户4	15	9	2380	0
用户5	37	6	460	0
用户6	75	5	279	1
用户7	25	17	3690	0
用户8	64	14	1570	1
用户9	14	18	6310	0
用户10	9	30	6520	0

第六步：求 F 向量化。

运营输入： 新增"F 向量化"列，首先计算 F 值的整体平均值，如果用户的 F 值高于整体平均值，计为 1；如果用户的 F 值低于整体平均值，则计为 0。

AI 输出:

首先计算 F 值的整体平均值。整体平均值 =（11+23+20+9+6+5+17+14+18+30）/10=15.3。

然后将用户的 F 值与整体平均值进行比较,并添加新的"F 向量化"列。

用户ID	R	F	M	R向量化	F向量化
用户1	81	11	1600	1	0
用户2	48	23	3800	1	1
用户3	61	20	4450	1	1
用户4	15	9	2380	0	0
用户5	37	6	460	0	0
用户6	75	5	279	1	0
用户7	25	17	3690	0	1
用户8	64	14	1570	1	0
用户9	14	18	6310	0	1
用户10	9	30	6520	0	1

第七步:求 M 向量化。

运营输入: 新增"M 向量化"列,首先计算 M 值的整体平均值,如果用户的 M 值高于整体平均值,计为 1;如果用户的 M 值低于整体平均值,则计为 0。

AI 输出:

首先计算 M 值的整体平均值。整体平均值 =（1600+3800+4450+2380+460+279+3690+1570+6310+6520）/10=3105.9。

然后将用户的 M 值与整体平均值进行比较,并添加新的"M 向量化"列。

用户ID	R	F	M	R向量化	F向量化	M向量化
用户1	81	11	1600	1	0	0
用户2	48	23	3800	1	1	1
用户3	61	20	4450	1	1	1
用户4	15	9	2380	0	0	0
用户5	37	6	460	0	0	0
用户6	75	5	279	1	0	0
用户7	25	17	3690	0	1	1
用户8	64	14	1570	1	0	0
用户9	14	18	6310	0	1	1
用户10	9	30	6520	0	1	1

第八步：定义用户分类。

> **运营输入**：新增"用户分类"列，根据以下条件划分用户。
> 重要价值用户：R 向量化 =1、F 向量化 =1、M 向量化 =1。
> 重要发展用户：R 向量化 =1、F 向量化 =0、M 向量化 =1。
> 重要保持用户：R 向量化 =0、F 向量化 =1、M 向量化 =1。
> 重要挽留用户：R 向量化 =0、F 向量化 =0、M 向量化 =1。
> 一般价值用户：R 向量化 =1、F 向量化 =1、M 向量化 =0。
> 一般发展用户：R 向量化 =1、F 向量化 =0、M 向量化 =0。
> 一般保持用户：R 向量化 =0、F 向量化 =1、M 向量化 =0。
> 一般挽留用户：R 向量化 =0、F 向量化 =0、M 向量化 =0。

AI 输出：

根据用户的 R 向量化、F 向量化和 M 向量化值，将他们划分为不同的类别，以下是更新后的表格。

用户ID	R	F	M	R向量化	F向量化	M向量化	用户分类
用户1	81	11	1600	1	0	0	一般发展用户
用户2	48	23	3800	1	1	1	重要价值用户
用户3	61	20	4450	1	1	1	重要价值用户
用户4	15	9	2380	0	0	0	一般挽留用户
用户5	37	6	460	0	0	0	一般挽留用户
用户6	75	5	279	1	0	0	一般发展用户
用户7	25	17	3690	0	1	1	重要保持用户
用户8	64	14	1570	1	0	0	一般发展用户
用户9	14	18	6310	0	1	1	重要保持用户
用户10	9	30	6520	0	1	1	重要保持用户

2.1.3 VALS 系统

1. 模型概念

VALS 系统全称价值观和生活方式系统，它是一种将用户按照价值观和行为方式，划分成不同群体的市场研究工具，旨在帮助企业更好地识别其受众群体的特点。

VALS 系统建立在心理学和社会学理论之上，其认为不同的消费者具有不同的生活方式和价值观，而这些都可以反映在他们的行为偏好上。此外，用户个体和环境的差异性，导致其所处的需求层次也不一样。比如，一些用户可能乐于探索新鲜事物，而另一些用户则可能追求稳定和群体认同。

VALS 系统主要将用户分为以下八种类型，每种类型代表着一组相似的生活方式和价值观，如图 2.5 所示。

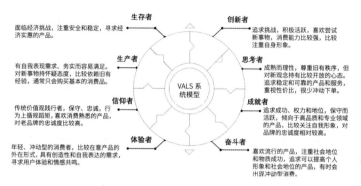

图 2.5　VALS 系统模型

尽管 VALS 系统模型并不完全适用于运营工作的实际场景，但我们可以通过对模型加以修改，使其更符合我们的分层需求。

2. 分析步骤

VALS 系统模型的分析步骤如图 2.6 所示。

图 2.6　VALS 系统模型的分析步骤

（1）选取分析指标

VALS 系统模型的指标选取需要结合分析目的。在实际应用中，VALS 系统模型可以使用多个指标，比如，购买行为、购买力、产品偏好、用户属性等。

（2）进行数据处理

对用户指标数据进行处理的目的是使其更易于解读。比如，将消费金额数据处理为较高、适中、较低等更直观的指标等。

（3）定义用户分类

根据消费行为对用户类型进行定义，比如，将偏好新产品、经常参与新品发售活动、客单价较高的用户定义为创新者，将偏好老产品、经常参与促销活动、客单价较低的用户定义为信仰者等。

3. 模型应用

接下来通过一个案例来展示在 VALS 系统模型下如何让 AI 协助我们完成用户分层。

某互联网电商平台需要使用 VALS 系统模型对用户进行观察与分析，并自定义用户类型，以了解不同用户的商品偏好。

首先获取用户行为信息的原始数据，如表 2.3 所示。

表 2.3 原始数据

用户ID	年龄段	活动偏好	商品偏好	客单价（元）
用户1	老年	特价促销	老品	220
用户2	中年	特价促销	老品	484
用户3	中年	特价促销	老品	759
用户4	青年	新品宣发	新品	1380
用户5	青年	高端甄选	老品	2861
用户6	青年	新品宣发	新品	1166
用户7	青年	特价促销	老品	2490
用户8	青年	特价促销	新品	1030
用户9	中年	特价促销	老品	810
用户10	中年	高端甄选	老品	2419

以上数据展示了不同用户的 ID、年龄段及其在一段时间内的活动偏好、商品偏好和客单价。

第一步：将原始数据发送给 AI。

运营输入：这是一份原始数据，请将其以表格形式呈现。

AI 输出：
以下是以表格形式呈现的原始数据。

用户ID	年龄段	活动偏好	商品偏好	客单价(元)
用户1	老年	特价促销	老品	220
用户2	中年	特价促销	老品	484
用户3	中年	特价促销	老品	759
用户4	青年	新品宣发	新品	1380
用户5	青年	高端甄选	老品	2861
用户6	青年	新品宣发	新品	1166
用户7	青年	特价促销	老品	2490
用户8	青年	特价促销	新品	1030
用户9	中年	特价促销	老品	810
用户10	中年	高端甄选	老品	2419

第二步：对客单价进行分类。

运营输入：请按照以下规则对"客单价"列的数据进行修改。

如果用户的客单价高于数据的平均值或中位数，将其标记为"较高"；如果用户的客单价在数据的平均值或中位数的15%，将其标记为"适中"；如果用户的客单价低于数据的平均值或中位数，则将其标记为"较低"。

AI输出：

客单价平均值 =（220+484+759+1380+2861+1166+2490+1030+810+2419）/10=1361.9（元）。

客单价中位数 =1098（元）。

以下是根据平均值和中位数进行的客单价分类。根据15%范围的规则，用户被分为"较高""适中"和"较低"客单价类别。

用户ID	年龄段	活动偏好	商品偏好	客单价(元)
用户1	老年	特价促销	老品	较低
用户2	中年	特价促销	老品	较低
用户3	中年	特价促销	老品	较低
用户4	青年	新品宣发	新品	较高
用户5	青年	高端甄选	老品	较高
用户6	青年	新品宣发	新品	适中
用户7	青年	特价促销	老品	较高
用户8	青年	特价促销	新品	适中
用户9	中年	特价促销	老品	较低
用户10	中年	高端甄选	老品	较高

第三步：定义用户分类。

> **运营输入**：新增"用户分类"列，并根据以下条件划分用户。
> 潮流型：新品宣发，新品，客单价适中或较高。
> 价值型：高端甄选或特价促销，老品，客单价较高。
> 发展型：特价促销，老品，客单价适中。
> 保守型：特价促销，老品，客单价较低。

> **AI 输出**：
> 根据您的规则，新增一列"用户分类"，并将用户划分为不同的类型。
>
> | 用户ID | 年龄段 | 活动偏好 | 商品偏好 | 客单价 | 用户分类 |
> | --- | --- | --- | --- | --- | --- |
> | 用户1 | 老年 | 特价促销 | 老品 | 较低 | 保守型 |
> | 用户2 | 中年 | 特价促销 | 老品 | 较低 | 保守型 |
> | 用户3 | 中年 | 特价促销 | 老品 | 较低 | 保守型 |
> | 用户4 | 青年 | 新品宣发 | 新品 | 较高 | 潮流型 |
> | 用户5 | 青年 | 高端甄选 | 老品 | 较高 | 价值型 |
> | 用户6 | 青年 | 新品宣发 | 新品 | 适中 | 潮流型 |
> | 用户7 | 青年 | 特价促销 | 老品 | 较高 | 价值型 |
> | 用户8 | 青年 | 特价促销 | 老品 | 适中 | 发展型 |
> | 用户9 | 中年 | 特价促销 | 老品 | 较低 | 保守型 |
> | 用户10 | 中年 | 高端甄选 | 老品 | 较高 | 价值型 |
>
> 以上是根据您提供的数据进行的简单分类，如果您需要更精细且准确的分类，请提供更多的数据。

2.1.4 波士顿矩阵

1. 模型概念

波士顿矩阵（BCG Matrix）又称四象限分析法、产品系列结构管理法等，它是由美国著名的管理学家、波士顿咨询公司创始人布鲁斯·亨德森（Bruce Henderson）于1970年首创的。

波士顿矩阵模型认为决定产品结构的基本因素有两个，即市场引力和企业实力。市场引力包括整个市场的销售量（额）增长率、竞争对手强弱及利润高低等，它反映了市场对企业的吸引力大小。企业实力包括市场占有率、技术、设备等，它反映了企业在市场中的竞争力。

根据销售增长率与市场占有率的不同组合,波士顿矩阵模型将业务分为以下四种类型,如图 2.7 所示。

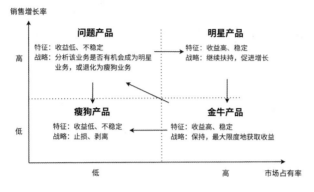

图 2.7　波士顿矩阵模型

(1)问题产品

该类产品主要是指处于高销售增长率、低市场占有率象限内的产品。这类产品的特点是利润率较低、负债率高;具备成长的潜力,尽管市场占有率比较低,但如果有资金、渠道等方面的支持,这类产品有机会成为明星产品。

(2)明星产品

该类产品主要是指处于高销售增长率、高市场占有率象限内的产品。这类产品有可能成为金牛产品,需要加大资源支持力度,促使其快速发展。

(3)瘦狗产品

该类产品主要是指处于低销售增长率、低市场占有率象限内的产品。这类产品的特点是利润率低,处于保本或亏损状态,负债率高,无法为企业带来收益。针对此类产品,应采用止损、剥离战略。

(4)金牛产品

该类产品主要是指处于低销售增长率、高市场占有率象限内的产品。这类产品的特点是销售量大、产品利润高、负债率低,可以为企业提供稳定的收益；而且由于增长率低，也无须加大投资。它是企业回收资金、支持其他产品发展的坚实后盾。

波士顿矩阵模型主要用于对企业产品的结构和性能进行分析，从而了解企业自身的市场地位和竞争状况。在互联网运营工作中，我们可以通过对波士顿矩阵模型的指标进行适度修改，使其更贴合实际的业务场景。

2. 分析步骤

波士顿矩阵模型的分析步骤如图 2.8 所示。

图 2.8　波士顿矩阵模型的分析步骤

（1）选取分析指标

波士顿矩阵模型通常选取两个指标作为分析维度，具体指标根据分析需求和目标来定，如利润率、销售额等。

（2）设置分界线

通过设置分界线，两个指标可以产生四个象限，运营人员需要对分界线的数据条件进行定义。例如，以两个指标的均值作为分界线，将数据分为高值和低值，从而形成四个象限。每个象限代表一种用户类型。例如，双高指标的用户可能属于价值用户，而双低指标的用户可能属于边缘用户。当然，波士顿矩阵模型并没有明确规定分界线的具体数值，每个象限都可以根据业务的具体情况进行定义。

（3）定义用户分类

例如，右上角象限可能代表价值用户，其具有较强的消费能力和较高的购买频次。但价值用户可能不仅仅是强消费能力和高购买频次的用户，还可能是高活跃率用户。

左下角象限可能代表边缘用户，其消费能力和购买频次都比较低。但边缘用户可能也不仅仅是消费能力和购买频次低的用户，还可能是低留存率的用户。因此，运营人员不能局限于指标数据的表面特征，更应该从业务角度深入思考各个象限的定义方式。

3. 模型应用

接下来我们将通过一个案例来展示在波士顿矩阵模型下如何利用 AI 进行用户分层。

已知某互联网电商平台不同用户的购买金额和购买次数，现在需要对用户进行分层，以了解不同类型的用户数量。

首先获取用户消费行为的原始数据，如表 2.4 所示。

表 2.4 原始数据

用户 ID	购买金额(元)	购买次数
用户1	4250	16
用户2	7430	28
用户3	7130	21
用户4	3570	15
用户5	1200	3
用户6	2150	5
用户7	5150	29
用户8	9750	34
用户9	8360	40
用户10	9450	37

以上数据展示了不同用户在一段时间内的消费行为数据，包含了用户 ID、购买金额、购买次数。

第一步：将原始数据发送给 AI。

> **运营输入**：这是一份原始数据，请将其以表格形式呈现。

> **AI 输出**：
> 以下是根据您提供的原始数据整理而成的表格。

用户 ID	购买金额(元)	购买次数
用户1	4250	16
用户2	7430	28
用户3	7130	21
用户4	3570	15
用户5	1200	3
用户6	2150	5
用户7	5150	29
用户8	9750	34
用户9	8360	40
用户10	9450	37

这个表格显示了每个用户的 ID、购买金额、购买次数。

第二步：求客单价。

运营输入：计算客单价，客单价 = 总购买金额 / 用户数。

AI 输出：

在您提供的数据中，共有 10 名用户。

要计算总购买金额，您只需将所有用户的购买金额相加即可。总购买金额 =4250+7430+7130+3570+1200+2150+5150+9750+8360+9450=58440（元）。

客单价 = 总购买金额 / 用户数

客单价 =58440/10=5844（元）

客单价为 5844（元）。

第三步：定义购买金额分界线。

运营输入：新增"金额分界线"列，如果用户的购买金额高于客单价，则标记为"高"，否则标记为"低"。

AI 输出：

根据客单价，为每位用户新增了"金额分界线"列，并将其标记为"高"或"低"。如果用户的购买金额高于客单价，则标记为"高"，否则标记为"低"。以下是更新后的表格。

用户 ID	购买金额(元)	购买次数	金额分界线
用户1	4250	16	低
用户2	7430	28	高
用户3	7130	21	高
用户4	3570	15	低
用户5	1200	3	低
用户6	2150	5	低
用户7	5150	29	低
用户8	9750	34	高
用户9	8360	40	高
用户10	9450	37	高

每位用户已经被标记为"高"或"低"了。

第四步：求平均购买次数。

运营输入：计算平均购买次数。平均购买次数 = 总购买次数 / 用户数。

AI 输出：

在您提供的数据中，共有 10 名用户。

总购买次数 =16+28+21+15+3+5+29+34+40+37=228

现在，我们可以计算平均购买次数：

平均购买次数 = 总购买次数 / 用户数

平均购买次数 =228/10=22.8

平均购买次数为 22.8。

第五步：定义购买次数分界线。

运营输入：新增一列"次数分界线"，如果用户的购买次数高于平均购买次数，则标记为"高"；若低于平均购买次数，则标记为"低"。

AI 输出：

根据您提供的条件，我为每位用户新增了"次数分界线"列，以下是更新后的表格。

```
用户ID    购买金额(元)   购买次数   金额分界线   次数分界线
--------+------------+--------+---------+---------+
用户1     4250         16       低        低
用户2     7430         28       高        高
用户3     7130         21       高        低
用户4     3570         15       低        低
用户5     1200         3        低        低
用户6     2150         5        低        低
用户7     5150         29       低        高
用户8     9750         34       高        高
用户9     8360         40       高        高
用户10    9450         37       高        高
```

每位用户被标记为"高"或"低",具体取决于其购买次数是否高于平均购买次数。

第六步:定义用户分类。

运营输入: 新增"用户分类"列,根据以下条件划分用户。

活跃价值型:金额分界线 = 高,次数分界线 = 高

核心发展型:金额分界线 = 高,次数分界线 = 低

活跃稳定型:金额分界线 = 低,次数分界线 = 高

一般保持型:金额分界线 = 低,次数分界线 = 低

AI 输出:

根据您提供的条件,我为每位用户新增了"用户分类"列,并将其划分为不同的类型,以下是更新后的表格。

```
用户ID   购买金额(元)  购买次数  金额分界线  次数分界线  用户分类
--------+-----------+--------+---------+---------+---------
用户1    4250         16       低        低        一般保持型
用户2    7430         28       高        高        活跃价值型
用户3    7130         21       高        低        核心发展型
用户4    3570         15       低        低        一般保持型
用户5    1200         3        低        低        一般保持型
用户6    2150         5        低        低        一般保持型
用户7    5150         29       低        高        活跃稳定型
用户8    9750         34       高        高        活跃价值型
用户9    8360         40       高        高        活跃价值型
用户10   9450         37       高        高        活跃价值型
```

2.2 用户画像解析：解读用户的群体特征

本节将系统地介绍用户画像的理论与实践，主要从以下三个方面展开，以帮助运营人员全面了解该主题。

1. 用户画像的概念

随着数字技术的快速发展，企业借助大数据及 AI 技术得以更加精准地分析用户特征和需求，进而构建精准的用户画像。通过用户画像，企业可以更深入地了解用户，从而提供个性化的产品和服务，实现业务可持续增长。

用户画像的本质是用户特征的"可视化"。它是基于用户线上行为，形成用户标签，并对用户标签进行全面拟合，从而生成用户的完整画像。用户画像是对具有共同特征的用户群体进行深入分析后得出的结果，而非针对某个具体的用户。

用户画像主要由基本属性、消费属性和偏好属性这三个维度的数据构成。这些数据既包含静态信息也包含动态信息，具体取决于信息的更新频率以及用户自身的行为变化。

基本属性包括用户的基本信息，如年龄、性别、民族、所在地、婚姻状态等。大多数基本属性通常属于静态信息，但也有部分信息，比如年龄可能随着时间的推移而产生变化和更新。

消费属性以用户的消费行为为主，如购买品类、购买渠道、购买频率、购买金额等。这些信息既包括用户的历史消费行为记录，又受到用户未来购买行为的影响，所以消费属性通常属于动态信息。

偏好属性主要围绕用户的兴趣、互动等个性化行为展开，如订阅、搜索、浏览历史、互动行为等。因为用户的兴趣和偏好可能产生变化，所以偏好属性通常属于动态信息。

2. 用户画像的搭建

用户画像的搭建步骤如下。

（1）分析业务需求

用户画像应当围绕具体的业务需求或目标展开，如果没有明确的目标，即使搭建出用户画像，也很难对业务提供有效的帮助。例如，某互联网电商平台近期智能家电的订单量和购买金额有所下降，平台计划于下季度开展一次促销活动，希望构建智能家电用户特征画像。

（2）分析数据需求

首先根据用户画像的目标分析相应的用户特征。

例如，智能家电促销活动对应的用户特征包含了用户的基本属性、消费属性和偏好属性。

然后根据不同的用户特征进行分析，以确定选用哪些数据。

用户的基本属性可能包括以下数据：

用户性别

用户年龄

用户职业

用户所在省市

……

用户的消费属性可能包括以下数据：

商品品类

商品名称

商品价格

商品金额

……

用户的偏好属性可能包括以下数据：

平台忠诚度

促销敏感度

客单价偏好

……

不同的属性数据可能存储在不同的数据表单中，需要以用户 ID 等唯一值对不同的数据表单进行关联；有一些属性可能需要通过一定的计算才能得出。

（3）生成用户特征

生成用户特征是指对收集的数据进行处理，以分析或计算用户特征。如用户的价格偏好可以通过用户的历史订单信息计算得到。

（4）生成用户画像

将相似的用户特征进行合并，运营人员可以通过 TGI（目标群体）指数来计算目标用户群体的特征相似程度。TGI 指数是一个用于比较目标人群与总体人群之间某一特征或属性的相对关系的指数。TGI 指数越大表示目标群体对于某一特征的偏好程度越高于整体平均水平。

TGI=（目标群体中具有某一特征的群体所占比例 / 总体中具有相同特征的群体所占比例）× 100。

TGI 指数表示不同特征用户关注问题的差异情况。

TGI 指数 =100，表示平均水平。

TGI 指数 >100，表示该类特征对目标群体的影响大于平均水平，或者该类群体对某类问题的关注程度高于平均水平。

TGI 指数 <100，表示该类特征对目标群体的影响小于平均水平，或者该类群体对某类问题的关注程度低于平均水平。

例如，所有用户购买 A 商品的概率是 5%，而"00 后"用户购买 A 商品的概率是 10%，则"00 后"用户购买 A 商品的 TGI 指数为（10%/5%）× 100=200。其 TGI 指数显著 >100，因此可以得出结论："00 后"用户更偏好购买 A 商品。

3. 用户画像的应用

接下来通过一个案例来展示如何让 AI 协助我们完成用户画像的搭建。

某互联网内容平台近期心理学领域的内容互动量有所下降，平台计划于下季度开展一次心理学主题讨论活动,希望针对心理学领域建立用户画像,了解用户的内容偏好及特征,为活动提供策略支持。

结合平台情况,运营人员认为应当从最近一段时间内的用户基本属性、行为属性两个维度进行分析。用户基本属性和行为属性数据分别存放在两张不同的表单。

获取表单 1 "用户基本属性"的原始数据,如表 2.5 所示。

表 2.5 原始数据

用户ID	性别	年龄	学历	职业	城市	婚姻
用户1	女	中年	专科	公务员	广州	已婚
用户2	男	青年	研究生	白领	广州	单身
用户3	女	青年	本科	白领	深圳	单身
用户4	女	中年	本科	公务员	广州	已婚
用户5	女	青年	本科	白领	广州	已婚
用户6	女	青年	专科	无业	佛山	单身
用户7	女	中年	本科	白领	成都	已婚
用户8	男	青年	本科	学生	深圳	单身
用户9	女	青年	研究生	学生	上海	单身
用户10	男	中年	本科	白领	东莞	单身

获取表单 2 "用户行为属性"的原始数据,如表 2.6 所示。

表 2.6 原始数据

用户ID	一级分类	二级分类	评论次数	点赞次数	收藏次数	活跃时间	活跃时段
用户1	家庭关系	亲子	23	57	30	周六	21:00—22:00
用户1	家庭关系	夫妻	13	34	22	周六	20:00—21:00
用户1	心理健康	情绪管理	1	6	3	周日	21:00—22:00
用户2	婚恋情感	亲密关系	8	39	27	周六	19:00—20:00
用户3	心理健康	抑郁	20	64	29	周二	22:00—23:00
用户3	心理健康	焦虑	9	22	5	周一	20:00—21:00
用户4	家庭关系	夫妻	15	70	35	周六	22:00—23:00
用户4	家庭关系	亲子	10	51	22	周六	21:00—22:00
用户4	婚恋情感	亲密关系	6	21	17	周六	20:00—21:00
用户5	心理健康	焦虑	2	18	10	周二	13:00—14:00
用户5	心理健康	情绪管理	3	17	8	周日	11:00—12:00
用户6	心理健康	抑郁	5	39	24	周一	10:00—11:00
用户7	家庭关系	亲子	1	15	4	周六	19:00—20:00
用户8	婚恋情感	亲密关系	2	20	8	周四	15:00—16:00
用户9	心理健康	焦虑	12	55	21	周三	16:00—17:00
用户9	心理健康	情绪管理	8	39	9	周一	09:00—10:00
用户10	心理健康	抑郁	2	17	3	周二	23:00—24:00
用户10	心理健康	焦虑	3	13	4	周六	22:00—23:00

以上数据展示了不同用户在一段时间内的基础信息,并对用户在不同分类内容下的互动行为及活跃时间进行了统计及简单处理。

第一步：将原始数据发送给 AI。

运营输入：这是用户基本属性数据和用户行为属性数据，请分别以表格形式对其进行呈现。

AI 输出：

以下是用户基本属性数据的表格呈现形式。

用户ID	性别	年龄	学历	职业	城市	婚姻
用户1	女	中年	专科	公务员	广州	已婚
用户2	男	青年	研究生	白领	广州	单身
用户3	女	青年	本科	白领	深圳	单身
用户4	女	中年	本科	公务员	广州	已婚
用户5	女	青年	本科	白领	广州	已婚
用户6	女	青年	专科	无业	佛山	单身
用户7	女	中年	本科	白领	成都	已婚
用户8	男	青年	本科	学生	深圳	单身
用户9	女	青年	研究生	学生	上海	单身
用户10	男	中年	本科	白领	东莞	单身

以下是用户行为属性数据的表格呈现形式。

用户ID	一级分类	二级分类	评论次数	点赞次数	收藏次数	活跃时间	活跃时段
用户1	家庭关系	亲子	23	57	30	周六	21:00—22:00
用户1	家庭关系	夫妻	13	34	22	周六	20:00—21:00
用户1	心理健康	情绪管理	1	6	3	周日	21:00—22:00
用户2	婚恋情感	亲密关系	8	39	27	周六	19:00—20:00
用户3	心理健康	抑郁	20	64	29	周六	22:00—23:00
用户3	心理健康	焦虑	9	22	5	周一	20:00—21:00
用户4	家庭关系	夫妻	15	70	35	周六	22:00—23:00
用户4	家庭关系	亲子	10	51	22	周六	21:00—22:00
用户4	婚恋情感	亲密关系	6	21	17	周六	20:00—21:00
用户5	心理健康	焦虑	2	18	10	周二	13:00—14:00
用户5	心理健康	情绪管理	3	17	8	周日	11:00—12:00
用户6	心理健康	抑郁	5	39	24	周一	10:00—11:00
用户7	家庭关系	亲子	1	15	4	周六	19:00—20:00
用户8	婚恋情感	亲密关系	2	20	8	周四	15:00—16:00
用户9	心理健康	焦虑	12	55	21	周三	16:00—17:00
用户9	心理健康	情绪管理	8	39	9	周五	09:00—10:00
用户10	心理健康	抑郁	2	17	5	周二	23:00—24:00
用户10	心理健康	焦虑	3	13	4	周六	22:00—23:00

第二步：计算互动深度。

每个互动行为对于业务的重要性都不一样，通过为不同的行为设置不同的权重，我们能够估算用户的互动深度。互动深度是平台内容能否吸引用户参与互动的直接体现。

运营输入： 新增"互动深度"列，互动深度 = 点赞次数 ×1+ 收藏次数 ×2+ 评论次数 ×3。

AI 输出：

以下是处理后的表格，其中新增了"互动深度"列。

用户ID	一级分类	二级分类	评论次数	点赞次数	收藏次数	...	互动深度
用户1	家庭关系	亲子	23	57	30	...	186
用户1	家庭关系	夫妻	13	34	22	...	117
用户1	心理健康	情绪管理	1	6	3	...	15
用户2	婚恋情感	亲密关系	8	39	27	...	117
用户3	心理健康	抑郁	20	64	29	...	182
用户3	心理健康	焦虑	9	22	5	...	59
用户4	家庭关系	夫妻	15	70	35	...	185
用户4	家庭关系	亲子	10	51	22	...	125
用户4	婚恋情感	亲密关系	6	21	17	...	73
用户5	心理健康	焦虑	2	18	10	...	44
用户5	心理健康	情绪管理	3	17	8	...	42
用户6	心理健康	抑郁	5	39	24	...	102
用户7	家庭关系	亲子	1	15	4	...	26
用户8	婚恋情感	亲密关系	2	20	8	...	42
用户9	心理健康	焦虑	12	55	21	...	133
用户9	心理健康	情绪管理	8	39	9	...	81
用户10	心理健康	抑郁	2	17	3	...	29
用户10	心理健康	焦虑	3	13	4	...	30

互动深度的计算基于评论次数、点赞次数和收藏次数的权重，它可以帮助我们更好地理解用户行为的互动程度。

第三步：优化数据显示。

互动深度的数据很难通过直接观察得出结论，因此需要使用数据范围缩小法或其他数据标准化法对数值大小进行转换，使数据更易于被观察和对比。

运营输入： 将互动深度的数据范围缩小至两个小数点，如将186缩小为1.86。

AI 输出：

互动深度的数据已经缩小至两个小数点，以下是缩小后的数据表格。

用户ID	一级分类	二级分类	评论次数	点赞次数	收藏次数	...	互动深度
用户1	家庭关系	亲子	23	57	30	...	1.86
用户1	家庭关系	夫妻	13	34	22	...	1.17
用户1	心理健康	情绪管理	1	6	3	...	0.15
用户2	婚恋情感	亲密关系	8	39	27	...	1.17
用户3	心理健康	抑郁	20	64	29	...	1.82
用户3	心理健康	焦虑	9	22	5	...	0.59
用户4	家庭关系	夫妻	15	70	35	...	1.85
用户4	家庭关系	亲子	10	51	22	...	1.25
用户4	婚恋情感	亲密关系	6	21	17	...	0.73
用户5	心理健康	焦虑	2	18	10	...	0.44
用户5	心理健康	情绪管理	3	17	8	...	0.42
用户6	心理健康	抑郁	5	39	24	...	1.02
用户7	家庭关系	亲子	1	15	4	...	0.26
用户8	婚恋情感	亲密关系	2	20	8	...	0.42
用户9	心理健康	焦虑	12	55	21	...	1.33
用户9	心理健康	情绪管理	8	39	9	...	0.81
用户10	心理健康	抑郁	2	17	3	...	0.29
用户10	心理健康	焦虑	3	13	4	...	0.30

第四步：合并数据表。

由于用户基本属性数据和用户行为属性数据分别存放在不同的表格，因此需要将两张表格进行合并。

运营输入：以用户 ID 作为唯一值，将用户基本属性数据和用户行为属性数据两张表合并为一张表。

AI 输出：

以下是将两张表按照用户 ID 进行合并后的表格呈现形式。

用户ID	性别	年龄	...	一级分类	二级分类	...	互动深度
用户1	女	中年	...	家庭关系	亲子	...	1.86
用户1	女	中年	...	家庭关系	夫妻	...	1.17
用户1	女	中年	...	心理健康	情绪管理	...	0.15
用户2	男	青年	...	婚恋情感	亲密关系	...	1.17
用户3	女	青年	...	心理健康	抑郁	...	1.82
用户3	女	青年	...	心理健康	焦虑	...	0.59
用户4	女	中年	...	家庭关系	夫妻	...	1.85
用户4	女	中年	...	家庭关系	亲子	...	1.25
用户4	女	中年	...	婚恋情感	亲密关系	...	0.73
用户5	女	青年	...	心理健康	焦虑	...	0.44
用户5	女	青年	...	心理健康	情绪管理	...	0.42
用户6	女	青年	...	心理健康	抑郁	...	1.02
用户7	女	中年	...	家庭关系	亲子	...	0.26
用户8	男	青年	...	婚恋情感	亲密关系	...	0.42
用户9	女	青年	...	心理健康	焦虑	...	1.33
用户9	女	青年	...	心理健康	情绪管理	...	0.81
用户10	男	中年	...	心理健康	抑郁	...	0.29
用户10	男	中年	...	心理健康	焦虑	...	0.30

第五步：进行描述性分析。

> **运营输入：** 对以下数据进行描述性分析，包含性别分布、年龄分布、学历分布、城市分布、职业分布、婚姻状态、一级分类、二级分类、活跃时间、活跃时段（从00：00—24：00，以每6小时为一个时段，计算各时段的占比）。

AI 输出：

以下是对数据的简要描述性分析。

1. 用户特征分布

性别分布：主要用户集中在女性群体，占总用户的70%，男性占30%。

年龄分布：主要用户集中在青年群体，占总用户的60%，中年群体占40%。

学历分布：大多数用户有本科及以上学历，占总用户的80%，有专科学历的占20%。

城市分布：用户主要集中在一线城市广州、深圳、上海，占总用户的70%，其他城市用户占30%。

职业分布：白领占最大比例，占总用户的50%，其他用户占50%。

婚姻状态：单身占较大比例，占总用户的60%，已婚用户占40%。

2. 内容兴趣分布

一级分类：心理健康是用户主要关注的一级分类，约占55.56%，其次是家庭关系（约占27.78%）和婚恋情感（约占16.67%）。

二级分类：焦虑是用户主要关注的二级分类，占22.22%，其他分类如抑郁、亲子、情绪管理和亲密关系也受到用户的关注。

3. 活跃行为分布

活跃时间：用户在周六的活跃度最高，约占44.44%。其他工作日的活跃度较低，周一和周日约占11.11%，周二约占16.67%，而周三、周四和周五的活跃度较低，约占5.56%。

活跃时段：用户在18：00—24：00时段的活跃度最高，约占66.67%。06：00—12：00和12：00—18：00时段的活跃度约占16.67%，而00：00—06：00时段的活跃度较低，为0%。

第六步：计算 TGI 指数。

AI 已经完成了描述性分析，接下来使用 TGI 指数计算目标群体的特征是否存在相似性。

通常用户画像需要具备较广的覆盖性和较强的可操作性，因此运营人员可以从人数最多的女性用户群体进行切入。如青年女性对焦虑属性内容是否呈群体性特征。

> **运营输入：** 请根据合并后的数据表，计算以下 TGI 指数。
> 目标人群：女性
> 特征：青年
> 属性：焦虑

AI 输出：

要计算青年女性焦虑的 TGI 指数，需要计算目标人群和总体人群中某些特征或属性的比例。

TGI 指数的计算公式如下。

TGI=（焦虑属性的青年女性人数 / 总人数中的青年女性人数）/（焦虑属性的总人数 / 总人数）×100

首先计算目标人群（女性、青年、焦虑）的比例。

焦虑属性的青年女性人数：3 人（用户 3、用户 5、用户 9）。

总人数中的青年女性人数：4 人（用户 3、用户 5、用户 6、用户 9）。

接下来计算总体人群中的特征和属性的比例。

焦虑属性的总人数：4 人（用户 3、用户 5、用户 9、用户 10）。

总人数：10 人（用户 1、用户 2、用户 3、用户 4、用户 5、用户 6、用户 7、用户 8、用户 9、用户 10）。

最后使用 TGI 公式计算目标人群的 TGI 指数。

TGI 指数 =（3/4）/（4/10）×100

TGI 指数 =187.5

TGI 指数高于 100 表明焦虑属性内容在青年女性中的分布高于总体人群中的分布，这意味着青年女性对焦虑属性的内容普遍具有更高的兴趣或关注度。

第七步：生成用户画像。

通过不同的 TGI 组合，可以判断不同用户群体是否存在相似的偏好，从而生成相应的用户画像。

运营输入：请根据 TGI 指数及用户的其他数据，生成一份用户画像。

AI 输出：
以下是根据给定的 TGI 指数和其他数据生成的用户画像。
用户画像：青年女性群体对焦虑属性内容的特征
年龄：青年
性别：女
教育背景：以本科和研究生为主
职业分布：以白领和学生为主
城市分布：主要分布在一线城市（广州、深圳、上海）
婚姻状况：以单身为主
活跃时间：主要互动行为发生在周二和周六，活跃高峰期为 18：00—24：00

运营输入：请简要描述该用户画像。

AI 输出：
该用户群体主要由受过高等教育的青年女性组成，以白领居多，居住在快节奏的一线城市（如广州、深圳、上海）。

她们大都处于单身状态，表现出对焦虑属性内容的高度关注，希望能够解决心理健康或亚健康问题。但受到生活节奏和工作压力的影响，她们可能没有很多时间关注自我。

她们喜欢在周二和周六的 18：00—24：00 参与互动，可能更容易在夜间产生焦虑。

AI 已经描绘了其中一类用户的画像，我们可以通过用户画像进行需求挖掘与洞察，从而制定运营策略。例如，采用女性视角风格的文案，突出女性更应当关爱自我，并且采用情绪解压、情感故事、匿名互助等形式。活动时间则应该选择在周二和周六的 18：00—24：00 进行（具体时间可进一步切分），内容上可以推荐互动深度较高的主题等。

2.3 积分激励体系：提高用户的行为价值

本节将系统地介绍积分体系的理论与实践，主要从以下三个方面展开，旨在帮助运营人员全面了解该主题。

1. 积分体系的概念

积分体系是互联网产品中一种常见的激励机制。用户通过参加活动、购买商品、进行社交互动、邀请好友注册、签到等多种行为获取积分，不同行为对应不同数量的积分。这些积分通常具有一定的实际价值，可以用于兑换礼品、特权或折扣，从而获得实际利益。通过激励用户完成特定行为，积分体系能够提高用户的留存率和活跃度，从而帮助平台创造更大的价值。

在构建用户积分体系之前，运营人员首先应该判断积分体系是否适合平台当前的发展阶段。如果平台处于早期阶段，核心功能还不够成熟，业务路径还不太明确，那么并不适合引入积分体系。因为在核心功能不成熟、业务路径不明确的情况下，贸然引入积分体系可能会影响平台的正常发展。因此，在平台发展的早期阶段，通常建议将资源更多地集中在完善核心功能、打磨业务流程和获取用户方面。

其次，运营人员需要判断当前平台是否存在明确的高价值用户行为。比如，对于电商平台而言，用户持续下单购买无疑是有价值的行为，因此平台可以围绕高频次下单、高消费下单等行为来做积分激励。但如果平台尚未明确定义出高价值行为，比如，一个专业知识平台，用户发布内容的行为看似是高价值行为，但我们无法保证用户发布的内容就是优质内容，而不优质的内容对专业知识平台来说，可能并不一定属于高价值行为。所以在用户行为价值不是特别明显时,通常并不建议针对这类行为去做用户激励。

最后,积分体系的核心是以虚拟货币为基础,通过明确的获取和消耗框架,激励和引导用户完成特定的有价值的行为。构建用户积分体系需要谨慎考虑,并确保它与平台的当前发展阶段、用户需求和业务战略相吻合。

2. 积分体系的搭建

积分体系的搭建包括以下 6 个步骤,如图 2.9 所示。

图 2.9 积分体系搭建的 6 个步骤

(1)积分预算来源

积分体系就是平台抽出一定的费用,去激励用户完成一些有价值的行为。通常来说,积分的预算来源有两种方式。

第一,固定比例法,即从业务利润里拿出一个固定比例,比如,取一个季度的销售额的 2%～3% 的毛利作为积分预算成本。第二,固定金额法,即按照每一个用户实际补贴的固定金额来确定积分的预算成本。常见的方法是参考用户生命周期价值来确定积分预算成本。例如,用户的生命周期价值为 150 元,那么积分预算可以设为用户生命周期价值的 1/5 到 1/4,以确保企业有可持续增长的利润率。

（2）用户简要分层

用户简要分层主要以核心价值行为进行用户分层，这些行为能够直接反映用户对平台或产品的贡献度、忠诚度或活跃度。例如，电商主要围绕消费金额进行分层，社区主要围绕互动量进行分层等。用户分层的数量要以用户的量级为基础，并结合运营人员期望用户达到的量级进行分层。此外，用户分层的数量最好不要超过 5 层，避免分层太多不利于后续操作，且不建议使用太复杂的方法进行分层。

（3）激励行为梳理

梳理不同层级需要明确激励的用户核心行为与非核心行为，并给每个行为分配具体的分值（分值应参考行为价值进行量化）。核心行为的积分获取应当有明确的计算方式，非核心行为的积分获取可以按照行为的重要程度进行设定。

比如，某电商平台的用户核心行为有购买、核销，非核心行为有签到、评论、点赞等。运营人员可以通过分配核心行为和非核心行为的积分比例来调整激励重点。比如，分配 70% 的积分用于激励核心行为，剩下 30% 的积分用于激励非核心行为。

需要注意的是，运营人员需要重点关注行为之间的积分比值是否合理。

（4）积分数量测算

第一步是测算用户的最大获取积分量。这里首先要预估不同层级的用户参与人数，然后用每个层级的预估人数乘以单个用户的积分量，最后进行相加从而得到总体用户的积分量。

第二步是预测用户的实际获取积分量。针对每个行为预设一个获取率，获取率可以参考历史数据。

第三步是测算积分成本是否合理，即不同层级用户的积分成本是否满足投入产出比（ROI）。建议多预留 10% 左右的积分量，以备不时之需。因为积分体系上线后，运营人员可能会调整和增加引导行为，或者做一些积分活动等。

（5）积分消耗出口

积分作为一种虚拟货币，也会存在通货膨胀之类的风险。运营人员需要确保积分的价值是相对稳定的，以及不同层级的用户至少每个月都有能够消耗的积分，也就是需要建立丰富的用来消耗积分的内容，如抽奖或者商品兑换等。通常采购成本越高的商品，积分兑换的溢价也会更高，商品积分的测算公式如下。

商品积分 = 积分兑换比例 × 商品现金价值 × 采购成本率（商品采购成本/商品现金价值）× 溢价系数（原价 − 最大折扣金额）

积分的获取和消耗需要有明确的引导和入口。只有让用户感知到积分体系，用户才可能去获取积分和消耗积分。

运营人员还需要定义好积分的清零规则，积分通常是在年底或次年的年初清零。

（6）积分更新维护

确定了上述内容后，运营人员还需要制定一些指标，比如，最大可发放积分量、预计发放积分量、实际发放积分量、实际消耗积分量等来监测积分情况。监测维度可以从总体、单个行为、不同层级、时间周期来展开，从而判断用户获取积分是否过于简单或者过于困难，以及用户的实际行为是否和预期相差较大，从而调整积分的获取策略。

3. 积分体系的应用

接下来通过一个案例来对积分体系的搭建进行简要说明。

某电商平台希望搭建积分体系，对有价值的用户行为进行激励。平台情况如下：年销售额为6000万元，年利润率为10%，年利润为600万元，年活跃用户数为1000。

第一步：计算预算成本。

首先需要梳理业务的利润情况。该平台业务利润主要有A、B、C、D四项业务贡献，此处假设以业务利润的2%～3%作为预算成本，如表2.7所示。

表 2.7 预算成本

业务类型	业务利润（元）
业务A	50万
业务B	110万
业务C	180万
业务D	260万
总计	600万

如表 2.7 所示，业务年利润为 600 万元，则积分预算成本 =600 万 × 2%～3%=12 万元～18 万元。

第二步：进行用户分层。

分层的目的是了解不同层级用户的用户数量及行为差异，从而制定不同的激励机制，如图 2.10 所示。

图 2.10 用户分层

在图 2.10 中，运营人员以年为单位，按照用户消费金额进行了分层，将用户划分为高价值用户和低价值用户。其中，高价值用户的数量为 200，平均消费金额为 26 800 元；低价值用户的数量为 800，平均消费金额为 800 元。

第三步：规划激励行为。

运营人员对需要激励的用户行为进行梳理，并根据价值匹配原则，为不同层级需要激励的行为设定对应的积分值，如表 2.8 所示。

表 2.8 用户积分

积分行为 (示例)	行为类型 (示例)	积分获取行为明细 (示例)	低价值用户 最大积分量	高价值用户 最大积分量
购买	核心行为	消费金额等值积分	800	26 800
开通会员	核心行为	开通会员150积分	150	150
签到	非核心行为	完成每日签到2积分	730	730
晒图	非核心行为	完成1个有效晒单10积分	120	1 200
老带新	非核心行为	邀请1个新用户20积分	20	100
评论	非核心行为	完成1个有效评论5积分	60	600

在表 2.8 中,运营人员以年为单位,结合平台运营重点,对需要激励的行为进行了梳理,并为每个行为设置了相应的积分量和积分获取上限。其中,核心行为包括购买、开通会员;非核心行为包括签到、晒图、老带新、评论。

第四步:测算积分数量。

运营人员对用户的最大积分量和预测积分量进行测算,如表 2.9 所示。

表 2.9 用户积分测算

积分行为 (示例)	低价值用户 最大积分量	低价值用户 积分获取率	低价值用户 预测积分量	高价值用户 最大积分量	高价值用户 积分获取率	高价值用户 预测积分量
购买	800	100%	800	26 800	100%	26 800
开通会员	150	25%	38	150	30%	45
签到	730	20%	146	730	20%	146
晒图	120	20%	24	1 200	25%	300
老带新	20	20%	4	100	20%	20
评论	60	20%	12	600	20%	120
单个用户积分	1 880	—	1 024	29 580		27 431
分层用户数量	低价值用户数量800			高价值用户数量200		
总积分	1 504 000		974 400	5 916 000		5 712 200

在表 2.9 中,运营人员参考历史数据,预估了每个行为的积分获取率,并测算了不同层级的单个用户的最大积分量和预测积分量,从而计算出了整体用户的最大积分量和预测积分量。

第五步:搭建积分商城。

搭建积分商城的目的是消耗用户的积分,积分商城中的商品主要分为以下两类。

闭环商品,包括满减券、抵扣付费金额等有利于产生业务收益的商品。

开环商品，包括企业采购的实物礼品、品牌置换所得商品，这些商品均来自平台以外的渠道。运营人员可以通过商品积分测算公式，对开环商品的积分数量进行计算，如表 2.10 所示。

表 2.10 开环商品积分数量测算

商品名称	商品类型	现金价值（元）	采买成本率	溢价系数	积分兑换比	积分数量
100-5满减券	闭环-内部	5	100%	2	5	50
20元话费	开环-采购	20	100%	2	10	400
户外电源	开环-采购	1 100	95%	2	10	20 900
视频VIP月卡	开环-置换	30	80%	2	10	480

在表 2.10 中，100-5 满减券是实际的运营支出，因此采购成本率是 100%；20 元话费的采买没有优惠空间，因此采购成本率是 100%；户外电源大批量购买有一定折扣，采购成本率为 95%；视频 VIP 月卡是品牌置换，根据置换出去的品牌资源，采购成本率是 80%。溢价系数为 2，则表示有两倍于采购成本的溢价空间。

需要注意的是，闭环商品（100-5 满减券）的积分兑换比是 5，而开环商品的积分兑换比是 10。这是考虑到闭环商品主要是为了刺激用户下单，从而持续产生营收，同时让用户更多地兑换闭环商品，故其积分兑换比为开环商品的 1/2。在积分商城的初期运营阶段，建议多上架闭环商品，以促进业务的良性循环。

第六步：监测积分数据。

运营人员需要对积分体系进行数据监测，以观察用户行为是否按照预期进行，并适时调整相应内容。

监测维度：总体、单个行为、不同层级、时间周期等。

监测指标：最大可发放积分量（积分成本 × 积分兑换比）、预测发放积分量、实际发放积分量、积分消耗率（积分消耗量 / 实际发放积分量）、积分消耗人数占比（积分消耗人数 / 当前拥有积分人数）、商品兑换信息等。

2.4 用户生命周期：运营用户的底层逻辑

本节将系统地介绍用户生命周期的理论与实践，主要从以下三个方面展开，旨在帮助运营人员全面了解该主题。

1. 用户生命周期的概念

用户生命周期是广泛应用于互联网产品的一种分析模型，它通过量化指标来划分用户生命周期的各个阶段，从而反映用户从接触产品到离开产品的整个过程。运营人员可以对各个阶段制定有针对性的策略，从而延长用户生命周期，提高用户价值。

用户生命周期通常可以划分为以下5个周期。

（1）导入期：处于该阶段的用户，对产品的信任度低，处于了解阶段。该阶段通常以用户完成注册、下载等作为主要特征。

（2）成长期：处于该阶段的用户，对产品有一定的了解和使用体验。该阶段通常以用户走完核心路径、使用产品等作为主要特征。

（3）成熟期：处于该阶段的用户，对产品信任度高。该阶段通常以用户完成付费、频繁使用等作为主要特征。

（4）休眠期：处于该阶段的用户，对产品的信任度逐渐降低，通常曾经为成熟期用户，但已经有一段时间未登录、未付费等。运营人员需要采用一些手段来唤醒和召回，使沉睡用户活跃起来。

（5）流失期：处于该阶段的用户已经流失，且无法召回。

每个用户只能处于一个生命周期阶段，且所有用户都要被生命周期所覆盖。但并不是所有的用户都会依次经历这五个阶段。有些用户可能在进入导入期后，就直接跨入成熟期；或者处于成长期的用户，由于转化引导做得不理想，可能直接进入流失期。运营人员需要对此有清晰的认知，用户生命周期的搭建一定要结合自身业务来做，切不可完全复制其他产品的框架和方法。

我们可以分析各个阶段用户的占比情况来确定优化的方向。比如，如果发现导入期用户量占总用户量的 70%，那么提高导入期用户的转化率显然就是重点工作。

2. 用户生命周期的搭建

用户生命周期的搭建包括以下 4 个步骤。

（1）梳理业务逻辑

这一步是指对业务链条及用户成长路径进行梳理，以确定核心业务逻辑。

（2）找到关键因素

这一步是指找到用户活跃、留存及付费转化的关键因素。关键因素通常是产品的核心功能或核心业务行为，它直接关系到用户的留存、活跃以及后续付费转化的可能性。

（3）定义用户行为

这一步是指定义各个阶段的用户行为，不同的生命周期对应不同的行为特征和用户类型。比如，某平台对各个生命周期的用户行为定义如下。

导入期：用户完成内容浏览。

成长期：用户完成首次付费。

成熟期：用户完成多次付费。

休眠期：用户一段时间未登录、未访问平台。

流失期：用户超过一段时间未登录、未访问平台。

此外，由于阶段不同，用户的关键行为也有所不同，并且用户可能同时存在多个关键行为。因此我们可以给不同的关键行为分配不同的权重得分。

（4）定义行为阈值

这一步是指定义各个生命周期阶段的行为阈值，以确定不同生命周期阶段之间的边界值。比如，某电商平台根据业务情况对各个生命周期的阈值定义如下。

导入期：支付订单数 =0 并且最近一次登录时间距今 <7 天。

成长期：支付订单数 ≥1 并且最近一次登录时间距今 <30 天。

成熟期：支付订单数 ≥5 并且最近一次登录时间距今 <30 天。

休眠期：支付订单数 ≥5 并且最近一次登录时间距今 <60 天。

流失期：最近一次登录时间距今 ≥60 天。

定义行为阈值的方法有很多，可以根据过往业务经验进行定义；或者通过观察不同时期的留存率拐点进行定义；或者取用户活跃间隔天数的分位数进行定义等。

总之，我们可以根据业务经验来自定义阈值，也可以通过数据分析进行科学取值，还可以搭建测算模型，但为了确保取值的相对准确，建议运营人员和产品经理及相关业务方进行充分的沟通讨论。

3. 用户生命周期的应用

接下来通过一个案例对用户生命周期的搭建进行简要说明。

某互联网音乐平台需要结合业务特点搭建用户生命周期，为运营人员决策提供数据支持。

第一步：梳理业务逻辑，如图 2.11 所示。

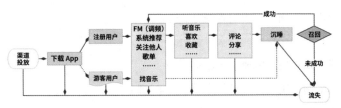

图 2.11　梳理业务逻辑

如图 2.11 所示，注册用户和游客用户的业务逻辑并不一样，注册用户可以通过 FM、系统推荐、关注他人歌单等方式搜索音乐。当用户认为音乐很好听时，可以进行喜欢或收藏等操作，也可以对音乐进行评论或分享。而这些行为在游客阶段是没有办法完成的，只有当游客用户转化为注册用户才能够完成这些行为。需要注意的是，用户在业务中的每一个环节都存在流失的可能性。

第二步：找到关键因素。

根据之前梳理的业务逻辑，可以发现这个音乐平台的核心功能是歌单。通过系统推荐和关注他人歌单可以极大地降低用户找音乐的操作难度。同时，用户创建的歌单也可以成为一种表达工具，继而转化为所谓的"社交货币"，吸引其他用户关注自己。因此歌单作为核心功能，决定着用户的留存、活跃，以及后续付费转化的可能性。

第三步：定义用户行为。

结合音乐平台的实际情况，对各个生命周期阶段的用户关键行为的定义如表 2.11 所示。

表 2.11 定义用户行为

用户生命周期	用户行为特征	用户类型
导入期	（1）喜欢听音乐，使用过音乐平台，甚至目前仍是音乐平台的使用者 （2）文艺、小清新等，对音乐风格或音乐人有自己的偏好的年轻人 （3）使用音乐平台听歌，但未完成注册	潜在用户
	已经完成注册	新用户
成长期	（1）首次活跃：完成注册且根据引导完成收听的用户 （2）活跃：在一定时间周期内有收听行为，且收听音乐数＞X，收藏音乐数＞X，创建歌单数＞X，评论音乐数＞X，区分为不同活跃等级的用户（X 为内部定义阈值）	活跃用户
	在 7 日、30 日、60 日或 90 日内（具体天数内部定义）打开音乐平台的注册用户	留存用户
成熟期	（1）付费购买免流量听音乐 （2）付费购买会员 （3）在音乐商城购物	付费用户
休眠期	距离上一次活跃后 X 天未登录音乐平台的注册用户（X 为内部定义阈值），但可以尝试激活召回	沉睡用户
流失期	（1）已卸载用户 （2）距离上一次活跃后 X 天未登录音乐平台的注册用户（X 为内部定义阈值）	流失用户

第四步：定义行为阈值。

定义了不同生命周期阶段的关键行为后，还需要定义各个生命周期阶段的行为阈值。以成长期为例，运营人员根据实际业务情况，设计了一个成长值模型，用于计算阈值。

成长值模型 =Sigmoid 函数（用户行为分值 × 时间衰减系数）。

Sigmoid 函数可以将数值映射到一定范围内，从而得到成长值的分值。

用户行为分值，即用户的行为分值 × 用户的行为次数，其定义如下。

完成音乐播放：10 分。

完成音乐收藏：15 分。

完成音乐评论：20 分。

完成创建歌单：30 分。

时间衰减系数是一个随着时间的流逝而逐渐变小的值。由于用户行为分值会随着时间的流逝而衰减，所以要将行为分值与时间衰减系数相乘，衰减条件的定义如下。

0～7 天（含 7 天）的衰减系数：1。

7～14 天（不含 7 天，含 14 天）的衰减系数：0.5。

14～30 天（不含 14 天，含 30 天）的衰减系数：0.25。

30～60 天（不含 30 天，含 60 天）的衰减系数：0.125。

60 天以上的衰减系数：0。

该模型可以通过不断测试行为分值和衰减系数进行优化，优化后的模型具有明确的用户特征。当成长值出现明显的拐点时，即可根据拐点将用户划分为不同活跃阶段的用户。

2.5 个性推荐系统：购物篮关联规则算法

本节将系统地介绍购物篮模型分析的理论与实践，主要从以下三个方面展开，旨在帮助运营人员全面了解该主题。

1. 购物篮模型分析的概念

购物篮模型是使用关联规则算法的一种分析方法，它通过研究用户的浏览或消费行为，观察哪些事物通常会一起出现，从而将不同事物进行关联，并得出它们之间的关联程度。

在互联网运营中，**购物篮模型可以帮助我们精准地分析用户行为，制定个性化的推荐策略**，其包括但不限于以下应用场景，如图 2.12 所示。

电子商务	内容资讯	在线教育
帮助平台挖掘和理解不同用户的购买行为，建立个性化商品推荐机制，从而提高不同商品交叉销售的概率，推动销售业绩的增长。	内容提供商（如短视频、新闻资讯、用户生成内容平台等）通过购物篮模型分析用户的浏览及互动行为，预测用户可能感兴趣的内容并进行推荐。	通过购物篮模型了解用户的学习行为，从而提供个性化的课程及学习方案，提高用户的学习参与度及学习效果等。

图 2.12　具体应用场景

目前，淘宝和亚马逊有相当高的成交量来自产品推荐算法，流媒体平台也是用复杂的推荐算法来延长用户的停留时间。此外，其他行业的大数据推荐机制也在影响着我们的日常生活。比如，在快餐行业中，当商家通过分析用户的购买数据发现食品 A 和食品 B 被用户同时购买的概率足够大时，就可以向购买食品 A 的用户推荐食品 B；或者直接将食品 A 和食品 B 打包成套餐进行出售，从而提高客单价。

2. 购物篮模型分析的指标

购物篮模型分析主要由以下指标构成。

（1）支持度

支持度是指某个商品组合同时被购买的概率，或者某个商品组合的购买次数占总商品购买次数的比例，即物品 A 对物品 B 的支持度 = $P(A \cap B)$。

例如，在 100 笔订单中用户同时购买薯片和可乐的次数是 55，那么薯片和可乐组合的支持度就是 55/100 × 100%＝55%。

（2）置信度

置信度是指用户购买一个商品后，再购买另一个商品的条件概率。它告诉我们，如果用户购买了商品 A，那么他购买商品 B 的概率有多大，即商品 B 对商品 A 的置信度 =P（B/A）。

例如，在 100 笔订单中用户购买商品 A 的次数是 70，购买 B 的次数是 50，则其置信度就是 50/70×100%=71%。

（3）提升度

提升度用于判断商品组合方式是否具有实际价值。它表示先购买一个商品是否对购买另一个商品有正向影响，即是否高于单独购买的情况。提升度大于 1 表示该组合方式有效。L=P（A∩B）/[P（A）×P（B）]。

例如，在 100 笔订单中用户购买商品 A 的次数是 70，购买商品 B 的次数是 60，购买商品 A 和 B 的次数是 50，那么提升度就是 0.5/（0.7×0.6）>1，因此商品 A 和 B 的关联组合是有效的。

3. 购物篮模型分析的应用

接下来以一份用户购买数据为例，让 AI 协助我们完成购物篮模型分析。首先获取"用户订单"的原始数据，如表 2.12 所示。

表 2.12　原始数据

用户ID	A商品	B商品
用户1	水果	面包
用户2	水果	蔬菜
用户3	水果	牛奶
用户4	蔬菜	猪肉
用户5	蔬菜	牛奶
用户6	猪肉	蔬菜
用户7	猪肉	蔬菜
用户8	牛奶	面包
用户9	牛奶	水果
用户10	牛奶	面包

以上数据展示了用户在一段时间内的商品购买记录，包含了用户 ID 和商品名称。

第一步：将原始数据发送给 AI。

> **运营输入**：这是一份原始数据，请将其以表格形式呈现。

AI 输出：

以下是按要求整理后的表格。

用户ID	A商品	B商品
用户1	水果	面包
用户2	水果	蔬菜
用户3	水果	牛奶
用户4	蔬菜	猪肉
用户5	蔬菜	牛奶
用户6	猪肉	蔬菜
用户7	猪肉	蔬菜
用户8	牛奶	面包
用户9	牛奶	水果
用户10	牛奶	面包

第二步：计算购买 A 商品的用户数。

> **运营输入**：新增一列"A 商品计数"，将"A 商品"进行分组，对分组后的商品进行计数。例如，水果在"A 商品"里出现了 3 次，则水果在"A 商品计数"里出现了 3 次。

AI 输出：

以下是处理后的表格，包括新增的"A 商品计数"列。

用户ID	A商品	B商品	A商品计数
用户1	水果	面包	3
用户2	水果	蔬菜	3
用户3	水果	牛奶	3
用户4	蔬菜	猪肉	2
用户5	蔬菜	牛奶	2
用户6	猪肉	蔬菜	2
用户7	猪肉	蔬菜	2
用户8	牛奶	面包	3
用户9	牛奶	水果	3
用户10	牛奶	面包	3

这里"A 商品计数"列显示了每个商品在"A 商品"列中的计数。如果您需要对数据进行进一步处理或有其他需求，请随时告诉我。

第三步：计算购买 B 商品的用户数。

运营输入：继续新增一列"B 商品计数"，将"B 商品"进行分组，对分组后的商品进行计数。例如，水果在"B 商品"里出现了 1 次，则水果在"B 商品计数"里出现了 1 次；若水果在"B 商品"里出现了 2 次，则水果在"B 商品计数"里出现了 2 次。

AI 输出：

以下是处理后的表格，包括新增的"B 商品计数"列。

用户ID	A商品	B商品	A商品计数	B商品计数
用户1	水果	面包	3	3
用户2	水果	蔬菜	3	3
用户3	水果	牛奶	3	2
用户4	蔬菜	猪肉	2	1
用户5	蔬菜	牛奶	2	2
用户6	猪肉	蔬菜	2	3
用户7	猪肉	蔬菜	2	3
用户8	牛奶	面包	3	3
用户9	牛奶	水果	3	1
用户10	牛奶	面包	3	3

这里"B 商品计数"列显示了每个商品在"B 商品"列中的计数。如果您需要对数据进行进一步处理或有其他需求，请随时告诉我。

第四步：计算购买 AB 组合的次数。

运营输入：继续新增一列"AB 购买计数"，计算用户购买"A 商品"和"B 商品"组合的次数。例如，在所有数据中，用户 3 购买了水果 + 牛奶，用户 9 购买了牛奶 + 水果，因此该组合的用户购买次数是 2 次。

AI 输出：

以下是处理后的表格，包括新增的"AB 购买计数"列。

用户ID	A商品	B商品	A商品计数	B商品计数	AB购买计数
用户1	水果	面包	3	3	1
用户2	水果	蔬菜	3	3	1
用户3	水果	牛奶	3	2	2
用户4	蔬菜	猪肉	2	1	3
用户5	蔬菜	牛奶	2	2	1
用户6	猪肉	蔬菜	2	3	3
用户7	猪肉	蔬菜	2	3	3
用户8	牛奶	面包	3	3	2
用户9	牛奶	水果	3	1	2
用户10	牛奶	面包	3	3	2

这里"AB 购买计数"列显示了购买"A 商品"和"B 商品"组合的次数。如果您需要对数据进行进一步处理或有其他需求,请随时告诉我。

第五步:计算用户总数。

运营输入:计算用户总数。

AI 输出:
共有 10 个用户购买商品,用户总数是 10。

第六步:计算支持度。

运营输入:继续新增一列,计算支持度,支持度 =AB 购买次数 / 用户总数。

AI 输出:
以下是包含"支持度"列的表格。

用户ID	A商品	B商品	A商品计数	B商品计数	AB购买次数	支持度
用户1	水果	面包	3	3	1	0.1
用户2	水果	蔬菜	3	3	1	0.1
用户3	水果	牛奶	3	2	2	0.2
用户4	蔬菜	猪肉	2	1	3	0.3
用户5	蔬菜	牛奶	2	2	1	0.1
用户6	猪肉	蔬菜	2	3	3	0.3
用户7	猪肉	蔬菜	2	3	3	0.3
用户8	牛奶	面包	3	3	2	0.2
用户9	牛奶	水果	3	1	2	0.2
用户10	牛奶	面包	3	3	2	0.2

如上表所示,新增的"支持度"列显示了每个组合的支持度,计算方式为 AB 购买次数除以用户总数(10)。支持度用来衡量某个商品组合的购买次数在所有购买次数中的频率,它表示有多少个用户同时购买了 A 商品和 B 商品。如果您需要对数据进行进一步分析或有其他问题,请随时告诉我。

第七步:计算置信度。

运营输入:继续新增一列,计算置信度,置信度 =AB 购买次数 /A 商品计数。

AI 输出:
以下是包含"置信度"列的表格。

如上表所示,新增的"置信度"列显示了每个组合的置信度。如果您需要对数据进行进一步分析或有其他问题,请随时告诉我。

第八步:计算提升度。

> **运营输入**:继续新增一列,计算提升度,提升度 = 支持度 /(A 商品计数 / 用户总数)×(B 商品计数 / 用户总数)。

AI 输出:

以下是包含"提升度"列的表格。

用户ID	A商品	B商品	...	支持度	置信度	提升度
用户1	水果	面包	...	0.1	0.33	1
用户2	水果	蔬菜	...	0.1	0.33	1
用户3	水果	牛奶	...	0.2	0.67	3
用户4	蔬菜	猪肉	...	0.3	0.75	15
用户5	蔬菜	牛奶	...	0.1	0.25	3
用户6	猪肉	蔬菜	...	0.3	0.75	5
用户7	猪肉	蔬菜	...	0.3	0.75	5
用户8	牛奶	面包	...	0.2	0.67	2
用户9	牛奶	水果	...	0.2	0.67	7
用户10	牛奶	面包	...	0.2	0.67	2

新增的"提升度"列显示了每个组合的提升度,根据提升度可以评估 A 商品和 B 商品之间的关联性。提升度大于 1 表示 A 商品和 B 商品之间存在正相关性,提升度等于 1 表示没有相关性,提升度小于 1 表示存在负相关性。

AI 已经完成了购物篮模型分析。我们对提升度进行降序排列,并对分析结果进行整理,就可以得到一个简单的商品推荐系统,从而为购买 A 商品的用户推荐关联的 B 商品。

第三章 智能内容创作助手

3.1 挖掘内容选题：拓展海量的创意来源

在数字化时代，无论是商业运作还是个人创业，内容创作已经成为企业乃至个人必备的技能之一。内容的核心是流量，只有获取流量，才能进行后续的转化操作。善于利用 AI 工具，就相当于拥有了一个强大的内容专家团队，可以最大限度地优化运营人员的内容生产力。

选题策划是内容创作的起点。选题的好坏直接影响到内容受众群体、内容传播乃至营收数据。以新媒体为例，运营人员日常工作最"抓狂"的一件事，就是选题策划。传统的做法是收集抖音、快手、小红书等平台相关的优质选题，然后结合自身的业务进行二次创作，整个过程需要耗费大量的时间和精力。

但现在利用 AI 可以高效地生成一份标准化的选题列表。这不仅可以提升工作效率、提高内容质量，还可以帮助运营人员拓展出更多的创意。

接下来从选题场景开始，看看如何使用 AI 来精准高效地制作爆款选题，如图 3.1 所示。

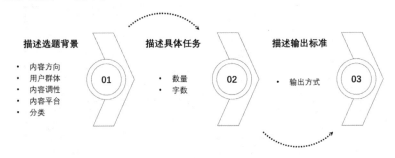

图 3.1 使用 AI 制作爆款选题

（1）描述选题背景

在策划选题时，我们首先需要考虑类目、平台、内容调性等要求，并且清晰简洁地描述背景信息，让 AI 能够准确理解我们的需求。

内容方向：内容主题，如产品、数码、游戏、音乐、舞蹈等描述得越垂直、越具体，AI 理解得就越精准。

用户群体：介绍内容的受众，即希望吸引哪种类型的用户。

内容调性：介绍内容的风格标签，如专业、脑洞、幽默等，可以同时描述多个标签，建议以 1～3 个为佳。

内容平台：介绍希望将内容发布到哪个平台，由于不同平台的系统机制都不一样，因此描述具体的平台有助于使 AI 更好地理解需求。

分类：告诉 AI 需要进行几级分类，以及怎样排列显示，等等。

（2）描述具体任务

数量：要求 AI 建立一个选题库，选题库里包含 20 个选题。

字数：要求选题字数在多少字的区间等。

以此类推，结合自己的需求给 AI 下达一个清晰明确的任务。

（3）描述输出标准

输出方式：要求逻辑通顺、以结构化表格进行展示等，即告知 AI 输出内容的标准。

例如，你是一位健身博主，计划在小红书开设一个账号，并希望建立一个选题库，从而为内容制作提供一些参考及思路。

> **运营输入：** 我是一名专业健身博主（内容方向），面向有健身塑形需求的初学者（用户群体），风格偏向于专业化（内容调性）。我需要在小红书平台开设一个内容账号（内容平台），请你帮助我做一个选题库（任务要求），为我的内容制作提供思路，要求选题库满足结构清晰、主题明确、内容多样、适用性强的要求（任务要求），按照三级分类（任务要求），并以表格形式进行显示（输出标准）。

> **AI 输出：**
> 我将为您的健身内容在小红书平台建设选题库，为您提供三级分类的选题，以确保结构清晰、主题明确、内容多样和适用性强。下面是按照二级分类进行显示的选题库。

一级分类	二级分类	三级分类
健身基础	健身初学者指南	前期准备工作和注意事项
		健身计划制订的步骤方法
		常见的健身误区与解决方法
	健康饮食与营养	健身前后的饮食事项
		健身项目的膳食营养
	健身器材与装备	如何选择合适的健身器材
		如何正确使用健身器材
		如何使用器材进行高效锻炼
肌肉塑形	胸肌训练	俯卧撑的正确姿势及训练方法
		哑铃卧推的正确姿势及训练方法
		"倒立飞鸟"的正确姿势及训练方法
	腹肌训练	选择合适的腹肌训练方法
		腹肌核心训练的常见方法
		腹肌塑形的科学饮食建议
	背部训练	引体向上的正确姿势与训练
		哑铃划船的正确姿势与训练
		负重硬拉的正确姿势与训练
有氧减脂	HIIT（高强度间歇训练）	HIIT 的训练原理与优势
		HIIT 的训练动作与形式
		HIIT 与肌肉增长的关系解析
	跑步指南	跑步的正确姿势与呼吸技巧
		提高跑步耐力与速度的方法
		跑步场地选择与安全注意事项
科学训练	运动损伤预防	动态热身与拉伸的技巧和方法
		运动姿势的调整与护具的选择
		常见运动损伤的预防与康复
	运动长期激励	激发动力与持久性的心理技巧
		克服懒惰与拖延的心理策略
		健身对心理健康的积极影响

以上是 AI 根据你的要求，为你搭建的一个健身的内容主题。这张表可以为你提供源源不断的选题创意，从而做出多个内容系列。

当然我们还可以根据实际情况，继续优化这张内容主题表。比如，你想把重点放在健身操上，就可以继续向 AI 深入提问，不断对输出的结果进行多次优化，直到输出满意的结果为止。

3.2 构思视频脚本：生成高质量视频脚本

随着数字媒体成为人们日常生活中不可或缺的一部分，短视频内容已经成为各大企业运营战略的重要一环。无论是推广产品、传达信息还是娱乐用户，视频脚本的质量都是决定内容浏览及互动的关键因素，因为脚本决定着视频的框架和节奏。然而写一份高质量的脚本并不是一件容易的事，它需要考虑很多东西。例如，开头要如何吸引用户、中间要如何传递有价值的信息或唤起情感共鸣、结尾要如何提炼核心要点或进行总结。

AI 不仅能为我们提供创意选题，还能以前所未有的速度和效率生成高质量的视频脚本。接下来从脚本策划开始，看看如何使用 AI 帮助我们撰写一份高质量的视频脚本，如图 3.2 所示。

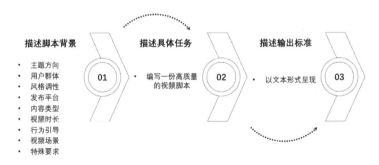

图 3.2 借助 AI 生成高质量的视频脚本

（1）描述脚本背景

主题方向：视频内容的主题方向。

用户群体：视频希望吸引哪种类型的用户，他们的兴趣和需求是什么。

风格调性：视频内容的风格，比如，感人的、幽默的、教育性质的等。

发布平台：计划将视频发布在哪个平台。

内容类型：视频的呈现方式，如 Vlog（视频博客）、口播、短剧、纪录片、微电影等。

视频时长：视频的播放时长，如 3 分钟、55 秒。

行为引导：视频中希望引导用户完成的互动信息，如点赞、关注、评论等。

视频场景：视频是否有多个场景，如果没有多个场景，如口播类视频，则需要告知 AI 不要切换场景。

特殊要求：如果已经有了一定的构思，如动画、音乐、效果等，可以把构思提供给 AI，让它按照你的构思进行完善和补充。

（2）描述具体任务

具体任务为编写一份高质量的视频脚本。

（3）描述输出标准

输出标准以文本形式呈现。

例如，我是一位家居博主，计划拍摄一期下班居家的 Vlog，希望 AI 策划一份视频脚本。

运营输入： 我是一位家居博主，现在希望拍摄一期视频。视频主要面向职场人群，主题为下班后的独居时光，视频内容要能让职场人群产生情感共鸣，风格以轻松和治愈为主。视频类型为 Vlog，包含 8 个分镜，每个镜头都要有一些细节，视频时长 3 分钟，人物不露脸。请根据以上要求，撰写一份视频脚本，要求包含镜头、画面、内容、音乐等。

AI 输出：

视频标题：下班后的独居时光

视频时长：3 分钟

引言

画面：城市的傍晚，忙碌的人们匆匆赶路，天空渐渐染上晚霞。

当繁忙的一天结束，城市的霓虹灯逐渐亮起，下班的时刻终于来临，是时候回到温暖的家里，远离工作的压力，找回内心的宁静。

分镜1：回家的路上

画面：路上车流涌动，车灯在暮色中闪烁，街头的行人步履匆匆，天空被染上了一抹橙红。

在这喧嚣的城市里，每个人都在忙碌着。每个人都希望早点回到家里，让疲惫的身体得到放松。

分镜2：打开家门

画面：主人公插入钥匙缓缓推开家门，室内温暖的光线逐渐透出，微风轻拂窗帘。

家，是我的避风港。每次回家，都像打开了内心的一扇窗。窗子里透出温馨的暖色灯光，窗帘在微风中轻轻拂动。

分镜3：点燃蜡烛

画面：主人公点燃一支蜡烛，烛光轻轻地摇曳着，室内弥漫着蜡烛的香气。

音乐：自然的鸟鸣声和微风拂过的声音。

蜡烛的香气填满了房间，温馨的烛光让人感觉无比安宁。主人公闭上眼，深吸了一口气，感受蜡烛中散发的香气。

分镜4：舒适的沙发

画面：主人公坐在柔软的沙发上，窗外是夜幕下的城市风景，沙发上铺满了柔软的抱枕。

在这个角落，没有工作上的烦恼，只有内心的放松。坐在沙发上，抱着一个柔软的抱枕让人感觉更加舒适。外面的城市渐渐安静下来。

分镜5：浇灌绿植

画面：主人公仔细浇灌家中的绿植，叶子在微风中轻轻地摇曳，叶片上晶莹的水珠闪烁着微光。

音乐：微风拂动的声音。

家里的绿植是我们的朋友，它们需要被照顾和关爱。在我们照顾它们的同时，它们也治愈着我们内心的焦虑。

分镜6：一个人的晚餐时光

画面：主人公在厨房中享受着烹饪的乐趣，熟练地切菜和翻炒，空气中弥漫着诱人的香味。主人公将美味佳肴装盘，开始享受美食。

音乐：做饭的声音。

> 烹饪是一门艺术，每一道菜都是一次创作，也是对自己的犒赏。厨房的烟火气是生活中不可或缺的部分。
>
> 分镜 7：读书
>
> 画面：茶几上有一堆书和一杯茶，主人公坐在一个温馨的角落，一只手翻开一本书，指尖轻轻掠过书页。光影交替停留在书页的文字和插图上。
>
> 音乐：轻柔的翻书声音。
>
> 一杯热茶，一本好书，足以让我们跨越时光的门槛，漫游在文字的海洋。读书不仅是一次与作者的相遇，也是一次与自己的对话。每本书都是一段深入内心的旅程，都能带给我们一段自我探索与疗愈的美妙时光。
>
> 分镜 8：日落时光
>
> 画面：主人公走到阳台，欣赏美丽的夜景，城市灯火阑珊，星空绚丽璀璨。
>
> 音乐：柔和的钢琴音乐淡出。
>
> 每个日落都是一天的结束，也是和过去一天的告别。远处的街道上，闪烁着明亮的车灯。人们匆匆走过，每个人都有自己的故事。这一刻，我感受着内心的平静，我找到了自己的静谧之处。
>
> 独居，不是孤独，而是一种自我享受的方式。

AI 已经根据要求快速给出了一份包含 8 个分镜的视频脚本。如果希望对某些镜头或者内容进行优化，可以继续向 AI 提问。比如，如果希望 AI 对分镜 3 的后期剪辑提出切实可行的建议，就可以继续向 AI 提问，要求它补充这部分内容。

> **运营输入**：请针对分镜 3 提出后期剪辑的建议，比如，镜头特写、停留时长和焦点深度等，使视频效果更贴合主题。

AI 输出：

以下是对分镜 3 的后期剪辑建议。

1. 镜头特写：在点燃蜡烛的瞬间，使用特写镜头捕捉火柴打火的画面，这个特写可以强调火焰的细节和点燃蜡烛的仪式感。

2. 停留时长：让点燃蜡烛的镜头停留一段时间，以便观众更好地欣赏烛头火焰摇曳的美感，以增强观众的情感体验。

> 3. 焦点深度：使用浅景深，将焦点放在火焰和烛头上，同时让背景模糊，以突出烛光的温暖和宁静感。这可以通过后期调整焦点深度来实现。
> 4. 音效：在点燃蜡烛的瞬间，可以强化音效，增加火柴点燃和火焰燃烧的声音效果，以增强观众的沉浸感。
> 5. 颜色校正：通过颜色校正，增强火焰的橙色色调，以呈现温馨和放松的氛围。
> 6. 过渡效果：使用柔和的过渡效果，如淡入淡出，使画面切换更加平滑。

通过以上建议，你将能够在视频的这个部分中营造出更具仪式感和温馨感的效果，从而凸显在独居时光中烛光的治愈作用。

3.3 内容降重处理：降低内容的重复程度

随着互联网内容市场的日益饱和，信息的获取变得越来越容易，但其中不乏大量重复和抄袭的内容。绝大多数内容平台面临着内容抄袭和原创不足的挑战，为此平台会普遍采用重复率监测技术，对存在相似性的内容进行限制，并对原创率高的内容进行扶持。在这种情况下，如何降低内容的重复率就成为每个运营必须解决的问题。

AI 技术的出现为降低内容重复率、提高原创率提供了新的思路。本节将介绍四种降低内容重复率的方法，分别是语言词汇替换、内容结构调整、内容扩充完善、调整时态和语气。需要注意的是，使用 AI 降低重复率时需要谨慎处理，不当的使用可能会导致内容的语义变化，从而使其失去准确性和连贯性。

AI 是一个强大的内容辅助工具，但它并不能替代人类进行内容创作，特别是在需要创造性和情感性的人文艺术领域。

3.3.1 语言词汇替换

AI可以通过改写的方式,对内容进行去重和修改。例如,替换同义词和使用不同的词汇和术语,使其在语法和用词上与原文有所不同,同时保留原文的含义。

下面以法国作家亚历山大·小仲马的《茶花女》中的部分内容为例对语言词汇替换法进行介绍。

大家高声谈笑,拍卖估价人声嘶力竭地大声叫喊。坐满在拍卖桌前板凳上的商人们拼命叫大家安静,好让他们稳稳当当做生意,但谁也不睬他们。像这样各色人等混杂,环境喧闹不堪的集会倒是从未见过。

我默默地混进了这堆纷乱的人群。我在想,这情景发生在这个可怜的女人咽气的卧室近旁,为的是拍卖她的家具来偿付她生前的债务,想到这里,心中不免感到无限惆怅。我与其说是来买东西的,倒不如说是来看热闹的,我望着几个拍卖商的脸,每当一件物品叫到他们意料不到的高价时,他们就喜笑颜开,心花怒放。

那些在这个女人的神女生涯上搞过投机买卖的人,那些在她身上发过大财的人,那些在她弥留之际拿着贴了印花的借据来和她纠缠不休的人,还有那些在她死后就来收取他们冠冕堂皇的账款和卑鄙可耻的高额利息的人,所有那些人可全都是正人君子哪!

难怪古人说,商人和盗贼信的是同一个天主,说得何其正确!

接下来使用语言词汇替换的方法,对上述内容进行降重处理。

运营输入:我想让你充当一名语言领域的专家,帮助我进行内容的去重修改。请将这段文字改写,通过替换同义词和使用不同的词汇和术语,避免与原文出现连续8个字相同的句子,使这段文字语句通顺、逻辑清晰、符合内容规范。

AI 输出:
　　人群嘈杂,欢声笑语不绝,拍卖师充满激情地高声喊价。座位上的商人们竭力呼吁大家安静,以便有序进行交易,但没有人理睬他们。这场混杂着各色人物的集会，实在是前所未见。

我默默地混入这个乱哄哄的人群。我不禁思考，这一切发生在那位不幸的女人的卧室附近，只是为了拍卖她的家具以偿还她生前的债务。想到这些，内心不免充满了沮丧。我更多是来看热闹的，而不是来买东西的。我注视着拍卖商的脸，每当一件物品以他们意外的高价售出时，他们都会欣喜若狂，笑逐颜开。

那些曾在这位女性的生命中进行投机交易的人，那些曾在她身上赚得盆满钵满的人，那些在她生命垂危时拿着带有印花的借据的人，那些在她过世后前来收取冠冕堂皇的账款的人，还有的人在她过世后企图收取卑鄙可耻的高额利息，这一切都让人不禁感叹：这些人可真够绅士的！

难怪古人说，商人和盗贼信仰着同一个神，这话说得真是精辟啊！

3.3.2 内容结构调整

接下来通过改变句子结构和改被动语态为主动语态的方式，对内容继续进行降重处理。

> **运营输入**：我想让你充当一名语言领域的专家，帮助我进行内容的去重修改。请将这段文字改写，通过改变句子结构和改被动语态为主动语态的方式，使这段文字语句通顺、逻辑清晰、符合内容规范。

AI 输出：

人群喧嚣，笑声阵阵，拍卖师充满激情地高声喊价。坐在座位上的商人们极力呼吁人们安静，以确保交易有序进行，但人们却无视他们的呼声。这场混杂着各色人物的集会，的确是前所未见。

我默默地融入这一团嘈杂的人潮，思考着，这一切竟然发生在那位不幸女性的卧室附近，只为了拍卖她的家具以偿还她生前的债务。一想到这些，内心不禁涌上一丝沮丧。我更多是来瞧热闹的，而不是来买东西的。我看着拍卖商的表情，每当一件物品以他们未曾预料的高价售出时，他们都欢欣鼓舞，笑容满面。

那些曾在这位女性的生命中进行投机交易的人，那些曾从她身上赚得盆满钵满的人，那些在她生命垂危时拿着带有印花借据的人，以及那些在她过世后前来收取账款和高利贷的人,让人不禁感慨:这帮人可真是够绅士的!

难怪古人说,商人和盗贼信仰着同一个神,这说法着实深刻!

3.3.3 内容扩充完善

接下来通过完善细节、拓展关联性、加入总结与例子的方式,对内容继续进行降重处理。

> **运营输入:** 我想让你充当一名语言领域的专家,帮助我进行内容的去重修改。请将这段文字改写,通过完善细节、拓展关联性、加入总结与例子的方式,使这段文字语句通顺、逻辑清晰、符合内容规范,并根据内容主题进行最大可能的扩充。

AI 输出:

人潮喧嚣,欢声笑语不断,拍卖师充满激情地高声喊价。商人们坐在座位上,努力呼吁人们保持安静,以确保交易能够有序进行,然而没有人理睬他们。这场会聚了各色人物的拍卖会,着实令人瞠目结舌。

我默默地融入这些嘈杂的人流中,不禁思绪纷飞,感慨万分,这一切竟然发生在那位不幸女性的卧室附近,只为了拍卖她的家具以偿还她生前的债务。这个想法让我心头涌起无尽的沮丧。我更多是来看热闹,而非来买东西的。我盯着拍卖商的脸,每当一件物品以远超他们预期的高价售出时,他们都欣喜若狂,笑容满面。

那些曾在这位女性的生命中进行投机交易的人,那些曾从她身上获利颇丰的人,那些在她生命垂危时拿着带有印花借据的人,以及那些在她过世后前来追讨账款和高利贷的人,都让我深感唏嘘。这群人,可真够绅士的!

这让我想起一句古话:商人和盗贼信仰着同一个神。这一说法深刻而贴切地印证了他们在这场喧哗的拍卖中的行径。

3.3.4 调整时态语气

接下来使用调整时态和语气的方式,对内容继续进行降重处理。

> **运营输入:** 我想让你充当一名语言领域的专家,帮助我进行内容的去重修改。请将这段文字改写,通过调整时态和语气的方式,使这段文字语句通顺、逻辑清晰、符合内容规范。

> **AI 输出:**
> 　　人群喧嚣,笑声阵阵,拍卖师充满激情地高声喊价。座位上的商人们极力呼吁大家保持安静,以确保交易的有序进行,然而并没有人理睬他们。这场会聚了各色人物的拍卖盛会,实在令人瞠目结舌。
> 　　我默默融入这阵嘈杂的人流中。思绪纷飞,这一切竟然都发生在那位不幸女性的卧室附近,只为了拍卖她的家具以偿还她生前的债务。这个发现让我的心情沮丧而沉重,我更多是来这里看热闹,而不是来买东西的。我盯着拍卖商脸上的表情,每当一件物品以远超他们预期的高价售出时,他们的欣喜之情都溢于言表。
> 　　那些曾在这位女性的生命中进行投机交易的人,那些曾从她身上获利颇丰的人,那些在她生命垂危时拿着带有印花借据的人,以及那些在她过世后前来追讨账款和高利贷的人,都让我深感唏嘘。这些人,可真够正义的!
> 　　这让我想起一句古话:商人和盗贼往往信仰着同一个神。这一说法深刻而贴切地印证了他们在这场喧哗的拍卖中的行为。

经过以上四次 AI 改写后,接下来我们可以在查重软件上检测内容重复率是否达到要求。如果重复率没有达到要求,我们需要继续进行相应的改写操作,直至达到要求为止。

3.4 打造爆款标题:优质文案素材的学习

一篇文章首先映入眼帘的是标题,一个优秀的标题往往能够引起用户的兴趣,有助于提升内容的阅读量和推广效果。在以往的运营工作中,给文章起一个合适的标题并不是一件容易的事,有时候甚至还需要专门召开一场会议进行讨论。

AI 技术的出现可以有效解决这个问题。通过学习一些优质标题案例,AI 就可以按照运营人员的要求,完成相应标题的撰写。

让 AI 学习爆款标题的过程主要分为以下 3 个步骤,如图 3.3 所示。

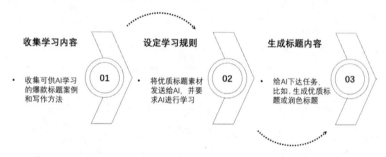

图 3.3　AI 学习爆款标题的过程

(1)收集学习内容

在收集可供 AI 学习的爆款标题案例和写作方法时,可以根据自己所在的领域,收集同行业的爆款标题;也可以根据发布平台的特点,重点收集该平台的相关内容;还可以通过数据分析来挖掘平台内的优质标题。

(2)设定学习规则

设定学习规则是指将优质标题素材发送给 AI,并要求 AI 进行学习。

(3)生成标题内容

生成标题内容是指给 AI 下达任务,比如,生成优质标题或润色标题。

接下来结合一个案例,让 AI 通过内容学习和训练,完成相应标题的撰写。

运营输入:你是一位文字助理,请你学习优质标题的写作技巧,以下是供你学习的内容。

1. 直接引语 + 鲜明观点

三观不正的华语电影:就算评分再高,我也必须差评

"入职 10 年,辞退一瞬间":最愚蠢的努力,就是没有成果的瞎忙

"你为什么还不结婚":因为低质量的婚姻,不如高质量的单身

"亲,请帮我点个赞":你所谓的朋友,正在绑架你的社交

2. 前置亮点 + 设置悬念

游戏设计团队几乎全数离职,游戏工作室是如何逼走设计师的?

不起眼的小伤口却夺走了女孩的生命,这种特点的伤口,再小也要打破伤风针

我入职了月薪三万元的工作单位,但是半年后我却无比后悔

30 年经典《美人鱼》逆天特效刷屏,98% 的人却不知道背后的扎心真相

3. 好奇问题 + 设置悬念

你会把宠物送到收养所吗?看看德国摄影师镜头下的宠物生活

农村男青年结婚有多难?这句顺口溜,说出了很多人的辛酸和无奈

看完 15 份婚前协议才发现,斤斤计较才是爱情

4. 颠覆观念 + 对比营造悬念

《西游记》里的这个凡人,竟然比武松还要厉害

上市公司 HR:我最不想面试的,就是小公司的"优秀员工"

年轻人还没找到工作,却先被面试给整麻木了

5. 身份标签 + 直击痛点

被存款羞辱的年轻人,我在家中的地位取决于我的存款

年轻人的婚姻观,因为你打呼噜,所以我才离婚

他是 3000 名孩子的"洋爷爷",用 20 年建立外资孤儿院,用爱唤回无数人生奇迹

6. 挑战认知 + 正话反说

身为一个成功的父亲,我终于接受了儿子的平凡

今天,你吃工业香精了吗?

7. 直接引语 + 社会现象洞察

抱歉,我要的是结婚,不是精准扶贫

为什么每个老师都会说,我们是他带过的最差的一届学生

8. 高热度话题 + 犀利的观点

年薪百万的朋友病重,直言:自律不是自毁,工作需要惜命

女子地铁站情绪崩溃:加班的压力太大,我没有拒绝的权利

9. 数字 + 关键词

打造高利润商业模式的5个秘籍

提高转化率,销售必看的六大核心要素

从流量到留量,揭秘私域运营常见的三个误区

当你学完后,请回复"我已完成学习",并询问我的需求。我会不断地给你建议和反馈,请你不断地调整它们。

AI 输出:

我已完成学习。现在请告诉我您的需求,我可以根据这些技巧帮助您撰写标题或提供相关建议。

我们可以通过"总结"的方式,对 AI 的学习效果进行检查。

运营输入: 请总结一下你学习到的关于优质标题的撰写技巧。

AI 输出:

我学习到了以下关于优质标题的撰写方法。

引用直接引语 + 鲜明观点:通过引用直接引语并提出鲜明的观点,来引发读者的兴趣和好奇心。

先呈现亮点 + 设置悬念:在标题中首先呈现话题的亮点或重要信息,然后通过设置悬念来引起读者的好奇心。

提出好奇问题 + 设置悬念:通过引入引人好奇的问题并设置悬念,来激发读者的兴趣。

颠覆观念 + 对比营造悬念:通过颠覆传统观念或对比不同事物,来引发读者的思考和好奇心。

身份标签＋直击痛点：使用身份标签来突出话题的重要性，直接触及读者的痛点或兴趣。

　　挑战认知＋正话反说：在标题中挑战读者的认知，激发他们进行思考，同时使用反向表达来引发他们的兴趣。

　　直接引语＋社会现象洞察：引用直接引语来引入社会现象，并展示对其的深刻见解，引发读者的共鸣。

　　高热度话题＋犀利的观点：结合当前高热度话题，提出犀利的观点，引发读者对话题的关注。

　　数字＋关键词：使用数字和关键词来强调标题的关键信息和重要性。

　　这些方法可以帮助您创作出让读者感兴趣的标题，增加文章的吸引力和点击率。根据您的具体需求，您可以选择其中一个或多个方法来撰写优质标题。

　　AI已经正确理解了我们教授给它的知识，接下来让AI继续学习目标内容中的关键词。

> **运营输入：** 请继续学习以下热门标题关键词。
> 如何、方法、技巧、秘诀、指南、教你、解读、入门、使用、启示、爆款、揭秘、福利、核心、引爆、免费、感悟、冷知识、传疯了、必看、你一定不知道、秒懂、神奇、重磅、居然、速看、激发、凭什么、教程、快速、模式、解决方案。
> 当你学完后，请回复"我已完成学习"，并询问我的需求。我会不断地给你建议和反馈，并请你不断地调整它们。

> **AI输出：**
> 　　我已完成学习。接下来，我可以帮你创建一些包含这些关键词的标题示例，或者针对特定主题生成标题。请告诉我你的具体需求。

> **运营输入：** 请你结合上面的技巧，围绕"AI技术改变互联网运营"帮我撰写5个新标题。

AI 输出：
　　当然，以下是基于您提供的标题撰写技巧，围绕"AI 技术改变互联网运营"撰写的 5 个新标题。
　　　　AI 技术如何颠覆互联网运营？揭秘运营未来的核心竞争力
　　　　冷知识，如何利用 AI 提升用户体验？
　　　　解读 AI 技术：如何使用智能算法重塑互联网运营模式？
　　　　AI 入门指南：互联网运营从自动化到智能化的跨越
　　　　重磅！AI 技术引领的互联网运营革命，你准备好了吗？
　　　　这些标题结合了引人注目的元素，有助于吸引读者关注并引发他们的兴趣。

　　AI 已经完成了爆款标题的撰写。除此之外，AI 还可以根据整篇文章或文字段落，通过学习到的标题撰写方法来生成标题。
　　接下来以一段文字为例，让 AI 为这段文字撰写标题。

运营输入： 请你结合上面的技巧以及关键词，为以下内容生成 5 个新标题。
AI 对于美术设计行业产生了深远影响，它正在改变设计师们的工作方式和设计流程。以下是主要的四个方面。
设计自动化：AI 可以自动化生成设计元素，如图形、图像、布局等，从而帮助设计师节省时间、提高工作效率。比如，AI 可以根据设计师的指令生成不同风格的设计方案，设计师只需要从中选择最满意的方案进行优化即可。
创意激发：AI 可以通过深度学习等技术，学习大量优秀的设计作品，从而生成新的创意灵感。这对设计师来说，既是一种挑战，也是一种机遇。设计师可以利用 AI 的这种能力，得到更多的创新灵感，打破传统的设计框架。
从业者影响：随着 AI 的发展，美术设计的职业角色也在发生变化。一些传统的设计工作可能会被 AI 取代，但同时也会出现一些新的职业角色，如 AI 设计师等。这需要设计师不断学习前沿知识，提升自身的核心竞争力。
版权问题：AI 的应用也带来了一些挑战，如版权问题。
总的来说，AI 正在深刻改变美术设计师们的工作方式和思维模式，设计师需要积极拥抱 AI，通过学习和实践，提升自身的技术和创新能力，以适应这个高度变化的时代。

> AI 输出:
> 根据您提供的内容,我为您生成了以下五个标题。
> 核心竞争力的提升:AI 技术如何影响美术设计师的职业发展?
> 速看!AI 技术如何帮助美术师节省时间、提高工作效率?
> AI 如何引爆美术设计创新:激发创意灵感的秘诀
> 你相信吗?AI 正在改变美术设计师的工作方式
> AI 在美术设计中的应用:自动化生成不同风格的设计方案

AI 已经生成了具有一定质量的标题,我们可以不断对 AI 生成的标题提出优化要求,直到满足需求为止。

3.5 制作调研问卷:调研用户的相关需求

用户调研是运营工作中至关重要的一环。通过深入了解用户需求和反馈,运营人员能够更好地指导产品或服务的改进。本节将介绍三种有效的问卷调研方法,分别是 KANO 模型、MaxDiff 模型和联合分析模型。这些模型可以提供更具体、更有针对性的调研反馈,有助于优化运营策略。

3.5.1 KANO 模型

KANO 模型是一种了解用户需求的调研工具,在产品和服务调研中具有重要意义。运营人员可以使用 KANO 模型对用户需求进行调研和分类,以更好地了解用户的期望和需求。

KANO 模型将产品及服务的特征划分为以下 5 类,如图 3.4 所示。

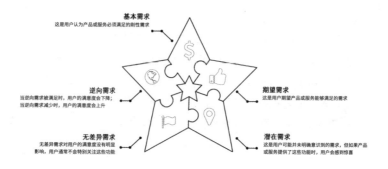

图 3.4　KANO 模型

（1）基本需求

这是用户认为产品或服务必须满足的刚性需求。从问卷调查的角度来看，基本需求涉及确保产品或服务提供了用户期望的核心功能。如果这些需求没有得到满足，用户可能会选择不使用该产品或服务。

（2）期望需求

这是用户期望产品或服务能够满足的需求。这些需求对用户的满意度呈线性影响。从问卷调查的角度来看，期望需求包括用户经常提及的功能，如果这类需求被满足得越多，用户的满意度也会越高。

（3）潜在需求

这是用户可能并未明确意识到的需求，但如果产品或服务提供了这些功能时，用户会感到惊喜。这些功能虽然不是用户的首要关注点，但可以增强产品的吸引力和竞争优势。从问卷调查的角度来看，可以通过询问用户是否对某些功能感到惊喜来识别潜在需求。

（4）无差异需求

无差异需求对用户的满意度没有明显影响，用户通常不会特别关注这些功能。从问卷调查的角度来看，可以通过了解用户对某些功能的感知度来识别无差异需求。

（5）逆向需求

当逆向需求被满足时，用户的满意度会下降；当逆向需求减少时，用户的满意度会上升，这些功能通常与用户的预期不符。从问卷调查的角度来看，可以通过了解用户是否对某些功能存在不满来确定逆向需求。

运营人员可以针对不同类型的需求设计相应的问题，从而更好地收集用户反馈，进而指导产品和服务的改进方向。

接下来通过一个案例让 AI 使用 KANO 模型生成一份用户调研问卷。

运营输入： 我需要你生成一份用户调研问卷，具体信息如下。
相关背景： 某团队计划研发一款蓝牙音箱，以"可手摇充电"作为功能亮点，以区别于市场上的同类产品。
问卷需求： 请使用 KANO 模型（重点围绕基本需求、期望需求和潜在需求三个方面）设计一份关于蓝牙音箱的市场调研问卷，用于了解用户对蓝牙音箱的使用需求和喜好。
问卷包含 7 道单选题、2 道多选题和 1 道主观题，每道选择题有 5 个选项。

AI 输出：
以下是基于 KANO 模型的蓝牙音箱市场调研问卷，其中包含 7 道单选题、2 道多选题和 1 道主观题，每道选择题有 5 个选项。本问卷旨在了解用户对蓝牙音箱的使用需求和喜好，特别关注产品的亮点。

基本需求维度

1. 您是否拥有蓝牙音箱？（单选）
□是，已经拥有
□是，但不常用
□没有，但考虑购买
□没有，不感兴趣
□不确定

2. 您通常在哪种场景下使用蓝牙音箱？（单选）
□家里
□户外活动（逛公园、野餐、露营等）
□派对或聚会
□工作或办公场所

☐运动或健身

3. 当您考虑购买蓝牙音箱时，您最看重的功能是什么？（单选）

☐音质效果

☐连接距离

☐便携性

☐可手摇充电

☐防水、防尘性能

期望需求维度

4. 您认为可手摇充电是一个吸引您购买蓝牙音箱的功能吗？（单选）

☐非常吸引

☐有些吸引

☐不确定

☐不太吸引

☐不吸引

5. 对于音质，您有特定的期望吗？（单选）

☐高保真音质

☐重低音效果

☐带均衡音效

☐支持无损音乐格式

☐不太关心音质

6. 对于蓝牙音箱的操作方式，您更倾向于哪种？（单选）

☐物理按钮

☐触摸控制面板

☐语音控制

☐手机远程控制

☐其他（请说明）

7. 除了可手摇充电功能，您认为还有哪些创新功能是您更需要的？（多选）

☐离线音乐播放功能

☐可拆卸外壳、个性化外观

☐内置声控助手

☐ 支持多设备同时连接

☐ 灯光、LED 特效

潜在需求维度

8. 您认为以下哪些因素会影响您对蓝牙音箱的满意度？（多选）

☐ 产品固件的升级

☐ 产品性能和质量

☐ 售后服务和保修

☐ 用户评价和口碑

☐ 促销活动和价格

购买意愿维度

9. 您能接受的蓝牙音箱价格是多少？（单选）

☐ 50 元以下

☐ 50～100 元

☐ 100～300 元

☐ 300～500 元

☐ 500 元以上

10. 请提供您认为蓝牙音箱需要改进的建议。

AI 已经完成了问卷调查。我们可以询问 AI 每个问题背后的逻辑，以确定 AI 给出的问题是不是符合我们的调研目标。

> **运营输入**：请详细解释"当您考虑购买蓝牙音箱时，您最看重的功能是什么？"这个问题背后的逻辑，以及它是否有助于洞察用户对蓝牙音箱的需求和喜好。

AI 输出：

这个问题背后的逻辑是了解用户在购买蓝牙音箱时最看重的功能。

首先，这个问题可以帮助您确定哪些功能是用户最为关注的，从而在产品研发过程中进行针对性优化。比如，如果大多数用户非常看重音质效果，那么您就可以在产品设计上加大对音质的优化投入。

其次，通过了解用户最看重的功能，您可以更好地了解用户的使用场景和需求。例如，如果大部分用户最看重的功能是便携性，那么您可以在产品宣传中强调产品轻便、易携带的特点，或者在产品设计上增加便携性的功能。

最后，通过分析此问题的回答，您还可以更清晰地了解不同用户群体对产品功能的偏好，从而有针对性地开展市场定位和推广活动。例如，如果大部分户外活动爱好者最看重的功能是防水、防尘性能，那么可以将产品定位为户外运动爱好者的首选音箱。

因此，这个问题有助于帮助您了解用户对蓝牙音箱的需求和喜好，为您提供重要的市场调研数据和产品策略方向。

3.5.2 MaxDiff 模型

MaxDiff 模型是一种了解用户对不同属性的相对偏好的调研工具，它基于选择最大差异的原则，先列出所有需要比较的属性，然后让消费者在所有属性中选出"最重要的属性"和"最不重要的属性"，从而分析出各个属性对用户的相对重要程度。

当属性数量超过 6 个时，可能导致用户难以做出选择，影响调研的准确性。因此，在设计 MaxDiff 调研问卷时，应该将属性的数量控制在 3～6 个。此外，还应该注意以下三点，如图 3.5 所示。

属性选择	属性排列	问卷逻辑
选择具有代表性的属性进行比较，确保这些属性可以全面反映产品或服务的特征。	在问卷设计中，需要注意将属性随机地呈现给用户，以确保结果的客观性。	在 MaxDiff 调研中，通常采用交叉比较的方式，让用户对不同属性进行选择，从而确定其相对偏好。因此，在问卷设计中要确保逻辑清晰，使用户能够准确理解选择的要求和目的。

图 3.5　三点注意事项

MaxDiff 调研问卷设计需要综合考虑属性选择、属性排列和问卷逻辑，以确保获得准确、可靠的调查结果。

接下来通过一个案例让 AI 使用 MaxDiff 模型生成一份用户调研问卷。

> **运营输入：** 我需要你生成一份用户调研问卷，具体信息如下。
> **相关背景：** 产品研发团队希望了解用户对于户外电源的偏好。
> **问卷需求：** 请使用 MaxDiff 模型（重点围绕外壳材质、电池容量、输出功率、输出端口、价格因素、整体特征六个方面）设计一份关于户外电源的市场调研问卷。

AI 输出：

您好，感谢您参与本次户外电源市场调查，请您在每个问题中选择一个最重要的因素和一个最不重要的因素。您的宝贵意见将帮助我们更好地了解用户对户外电源的偏好，从而提供更适合您需求的产品和服务。

1. 外壳材质

在以下选项中，您最喜欢哪种外壳材质的户外电源？
☐ 铝合金外壳
☐ 防火阻燃塑料外壳
☐ 碳纤维外壳
☐ 钣金外壳

在以下选项中，您最不喜欢哪种外壳材质的户外电源？
☐ 铝合金外壳
☐ 防火阻燃塑料外壳
☐ 碳纤维外壳
☐ 钣金外壳

2. 电池容量

在以下选项中，您认为哪种电池容量最符合您的实际户外用电需求？
☐ 56000mAh
☐ 110000mAh
☐ 156000mAh
☐ 238000mAh

在以下选项中，您认为哪种电池容量最不符合您的实际户外用电需求？

☐ 56000mAh

☐ 110000mAh

☐ 156000mAh

☐ 238000mAh

3. 输出功率

在以下选项中，您认为哪种输出功率最符合您的实际户外用电需求？

☐ 300W

☐ 600W

☐ 800W

☐ 1200W

在以下选项中，您认为哪种输出功率最不符合您的实际户外用电需求？

☐ 300W

☐ 600W

☐ 800W

☐ 1200W

4. 输出端口

在以下选项中，您认为哪种供电输出端口最符合您的实际户外用电需求？

☐ USB*3+AC*1

☐ USB*2+USB-C*1+AC*1

☐ USB*1+USB-C*2+AC*1

☐ USB*1+USB-C*1+AC*2

在以下选项中，您认为哪种供电输出端口最不符合您的实际户外用电需求？

☐ USB*3+AC*1

☐ USB*2+USB-C*1+AC*1

☐ USB*1+USB-C*2+AC*1

☐ USB*1+USB-C*1+AC*2

5. 价格因素

在以下选项中，您认为哪个价格最符合您购买户外电源的预算？

☐ 500 元以下
☐ 500～1000 元
☐ 1000～1500 元
☐ 1500 元以上
在以下选项中，您认为哪个价格最不符合您购买户外电源的预算？
☐ 500 元以下
☐ 500～1000 元
☐ 1000～1500 元
☐ 1500 元以上
6. 整体特征
在以下选项中，您认为哪个特征是您购买户外电源时最看重的？
☐外壳材质
☐电池容量
☐输出功率
☐输出端口
☐价格因素
在以下选项中，您认为哪个特征是您购买户外电源时最不看重的？
☐外壳材质
☐电池容量
☐输出功率
☐输出端口
☐价格因素

AI 已经生成了一份调研问卷。如果我们对问卷中的问题存在疑虑，不确定该问题是不是符合调研目标，可以询问 AI 该问题背后的逻辑，从而生成更适合的提问。

3.5.3 联合分析模型

联合分析模型是一种市场调研工具，用于预估用户对不同属性产品的偏好。在用户进行购买决策时，通常会考虑产品的多个属性，并且根据自己的需求对这些属性进行权衡,最终可能会为了满足某些属性而放弃其他属性。

比如,一款电子产品,有些用户更重视售后和价格,而忽视品牌;有一些用户则更重视品牌和价格,而忽视售后。因此,用户最喜欢哪些属性组合的产品,以及用户对于各属性的重视程度是如何分布的,就成了企业最关注的问题。通过联合分析模型,企业可以了解用户对属性的偏好,进而调整产品设计、定价策略以及营销手段。

联合分析模型调研的核心是将产品的属性进行拆分,并组合成不同的新产品,最后让用户对这些不同属性的新产品进行选择。

接下来通过一个案例让 AI 使用联合分析模型生成一份用户调研问卷。

某手机厂商希望了解用户购买手机看重的属性,现有中央处理器(CPU)、屏幕大小、运行内存和价格 4 个属性,每个属性包含不同的水平。

运营输入:这是一份关于手机属性的原始数据,请以表格形式呈现。

CPU	屏幕大小(单位:厘米)	运行内存	价格(元)
高性能高功耗	12.7	4G	2299
均衡性能功耗	15.24	8G	2799
低性能低功耗	16.51	16G	3599
—	—	—	1999

AI 输出:

以下是以表格形式呈现的原始数据。

CPU	屏幕大小(单位:厘米)	运行内存	价格(元)
高性能高功耗	12.7	4G	2299
均衡性能功耗	15.24	8G	2799
低性能低功耗	16.51	16G	3599
—	—	—	1999

运营输入:我需要你根据以上表格生成一份用户调研问卷,具体信息如下。

相关背景:某手机厂商希望了解用户在购买手机时看重哪些属性。

问卷需求：请使用联合分析模型设计一份关于属性偏好的市场调研问卷。每 4 个属性可以组合为 1 个产品，请组合 10 个不同属性的产品。每个产品设置 3 个选项：愿意购买、一般购买、不愿意购买。

AI 输出：

您好，感谢您参与本次问卷调查，您的宝贵意见将有助于我们了解用户对手机产品属性的偏好，进而指导我们的产品设计和研发。请您根据以下描述，对每个产品进行购买意愿的选择。

产品组合 1：□愿意购买 □一般购买 □不愿意购买

中央处理器：高性能高功耗

屏幕大小：12.7 厘米

运行内存：4G

价格：2299 元

产品组合 2：□愿意购买 □一般购买 □不愿意购买

中央处理器：均衡性能功耗

屏幕大小：15.24 厘米

运行内存：8G

价格：2799 元

产品组合 3：□愿意购买 □一般购买 □不愿意购买

中央处理器：低性能低功耗

屏幕大小：16.51 厘米

运行内存：16G

价格：3599 元

产品组合 4：□愿意购买 □一般购买 □不愿意购买

中央处理器：高性能高功耗

屏幕大小：15.24 厘米

运行内存：8G

价格：2799 元

产品组合 5：□愿意购买 □一般购买 □不愿意购买

中央处理器：低性能低功耗

屏幕大小：15.24 厘米

运行内存：4G

价格：1999 元

产品组合 6：□愿意购买 □一般购买 □不愿意购买

中央处理器：低性能低功耗

屏幕大小：16.51 厘米

运行内存：4G

价格：1999 元

产品组合 7：□愿意购买 □一般购买 □不愿意购买

中央处理器：高性能高功耗

屏幕大小：16.51 厘米

运行内存：8G

价格：3599 元

产品组合 8：□愿意购买 □一般购买 □不愿意购买

中央处理器：均衡性能功耗

屏幕大小：12.7 厘米

运行内存：16G

价格：2799 元

产品组合 9：□愿意购买 □一般购买 □不愿意购买

中央处理器：均衡性能功耗

屏幕大小：16.51 厘米

运行内存：8G

价格：2799 元

产品组合 10：□愿意购买 □一般购买 □不愿意购买

中央处理器：低性能低功耗

屏幕大小：12.7 厘米

运行内存：4G

价格：1999 元

说明：请根据每个产品组合的描述，选择购买意愿，以反映您的实际需求，非常感谢您的参与！

3.6 内容文本分析：洞察用户的潜在偏好

内容文本分析是指通过对文本数据进行深入挖掘和解析，以提取关键信息、洞察趋势，为运营决策提供有价值的数据支持。本节将介绍两种分析方法，分别是文本词频分析和文本情感分析。这两种方法可以为运营人员提供更精准的用户需求反馈。

3.6.1 文本词频分析

文本词频分析是一种文本分析技术，它将一段文本以单词的方式进行分割，并对单词（词性）和其出现次数（频数）进行统计分析，以了解哪些词在文本中出现的频率较高，从而识别出热点信息及变化趋势。

在互联网产品中，文本词频分析通常用于搜索引擎优化（SEO）、舆情监测、评论分析等。通过研究词频数据，我们可以挖掘用户的潜在需求或改善业务。比如，内容平台可以通过分析用户生成的内容文本来挖掘内容选题；游戏平台可以通过分析玩家的搜索文本来挖掘玩家需求；电商平台可以通过分析用户的评论文本对产品进行优化；等等。

当文本数据量较少时，我们可以通过人工的方式，来分析和判断内容。但当文本数据量较多时，如有几万条用户评论，我们就很难通过人工进行分析了，必须借助专业工具来实现。

文本词频分析主要包含以下四个方面，如图 3.6 所示。

文本处理	文本分词	词库选择	词频统计
文本处理主要包括去除特殊字符、标点符号和停用词，以及进行词干提取或词形还原等操作。文本处理可以使文本更加规范和易于处理。	文本分词是指将文本划分成单词或词组，以便进行后续的词频统计。分词是自然语言处理中的关键环节，它有助于将文本转化为可分析的单元。	词库选择主要针对分词结果，通常包括选择与分析主题或任务相关的关键词，以及使用领域特定的词汇库，也包括进行去除停用词、助词等操作。	词频统计是指统计每个词汇或词组在文本中出现的频数，并将其排序以识别高频词汇。

图 3.6　文本词频分析的四个方面

接下来以某商家的外卖评论为例,让 AI 协助我们对外卖评论进行文本词频分析。

运营输入:请对这些评论文本进行分词,去掉常见停用词。
今天骑手把餐送错地方了,不满意。
送错地方不说,菜量也太少了,差评。
还是比较好吃的,就是包装有点漏。
包装太差了,全都洒了。
我可能吃不惯这种味道,汤比较辣,但是牛肉还是很好吃的。
吃了好几次,除了牛肉不错,其他的实在吃不惯。
比较正宗的特色小吃,牛肉分量够,包子有点硬。
包装有问题,汤洒出来了一半。
好吃,就是有点辣。

AI 输出:
以下是对评论文本进行分词并去掉常见停用词后的结果。

骑手、送错地方、不满意、送错地方、不说、菜量、太少、差评、好吃、包装、有点、漏、包装、太差、洒、吃、辣、牛肉、好吃、好几次、牛肉、不错、其他、正宗、特色、小吃、牛肉、分量、够、包子、有点、硬、包装、问题、汤、洒、好吃、有点、辣。

以上分词结果去掉了常见停用词,保留了评论中的主要词语,可以帮助我们更好地理解评论的内容。

运营输入:对分词结果进行频数分析,提取频数 ≥ 2 的特征词,并将其按从大到小的顺序进行排列,以表格形式呈现。

AI 输出:
以下是对分词结果中频数大于等于 2 的词语,按频数从大到小的顺序排列的表格。

```
特征词      频数
--------+--------+
好吃        3
牛肉        3
包装        3
有点        3
送错地方    2
辣          2
洒          2
```

运营输入： 对词频结果进行描述性分析，并向外卖商家提出优化建议。

AI 输出：

以下是对以上文本评论的词频结果的描述性分析和针对商家的优化建议。

分析结论

*好吃*和*牛肉*是频繁出现的词汇，各出现了 3 次，表明大多数用户对食物的口味印象良好，特别是牛肉。

*包装*出现了 3 次，表明用户对食物的包装有所关注，可能存在一些问题或改进的空间。

*有点*出现了 3 次，分别是有点漏、有点硬、有点辣，表明一些用户对包装和食物的感受。

*送错地方*出现了 2 次，表明外卖送错地址的问题给用户带来了负面的体验。

*辣*出现了 2 次，通常与描述辛辣的味道相关，表明用户对食物辣度的感受。

*洒*出现了 2 次，表明用户对外卖包装问题的反映，汤或其他食物洒在包装上。

优化建议

口味适中：如果食物过于辛辣，商家可以考虑提供不同口味的选项，以满足不同口味的顾客需求。

包装质量：商家应确保外卖食物的包装质量良好，防止漏洒等问题，从而提高顾客的满意度。

配送问题：商家应确保订单位置的准确性，以防止送错地址或有其他配送问题，这有助于提供更好的外卖服务。

> 总之，商家可以通过仔细关注顾客的反馈，改进食物的口味、包装以及服务，以提高顾客的满意度。

AI 已经完成了文本词频分析，运营人员还可以借助第三方工具生成"词云图"，使分析结果可视化。需要注意的是，有些文本在分词过程中，可能需要去掉助词或形容词，或只输出动词或名词等。我们只需要对 AI 下达相应的指令即可。此外，不同时间段的文本，可能会产生不同的词频。因为不同时间段的用户需求可能会存在一些差别。因此如何进行分析，需要紧密结合目标而定。

3.6.2 文本情感分析

文本情感分析是一种语义分析技术，它通过算法来分析和提取文本中隐藏的情绪倾向，从而判断这段文字所表达的主要情绪，比如，正面、负面、快乐、悲伤、愤怒等。

文本情感分析技术可以从海量的文本数据中提取出有价值的情绪信息，使运营人员能够更好地理解和满足用户需求。例如，在"我今天很开心"中包含情绪词"开心"，而"开心"是一个明显表达正向情绪的词汇。

例如，在社交媒体上，运营人员可以通过对用户发布的内容进行情感分析，了解用户的表达倾向及情绪状态；在电商平台上，运营人员可以通过分析用户评论的情感倾向，从而改善产品或服务体验；在信息安全领域，运营人员可以通过对公众舆情进行情感分析，了解公众对于某项政策或事件的情绪反应，以便进行有效的管理和引导等。

情感分析主要包含以下三个方面，如图 3.7 所示。

文本处理	选择词典	情感计算
文本处理包括去除特殊字符、标点符号和停用词,以及进行词干提取或词形还原等操作。文本处理可以使文本更加规范化和易于处理。	选择或创建适合该业务的词典。词典中包含词语及其对应的情感极性(正向、中性、负向情感)。	情感计算是指对文本进行情感分析与计算,并对结果进行标识。比如,将正向情绪标记为1,将负向情绪标记为0,等等。

图 3.7 文本情感分析的三个方面

接下来让 AI 协助我们对之前的外卖评论进行文本情感分析。

运营输入: 请对前面的外卖评论进行文本情感分析,去掉常见停用词及特殊字符,使用综合的情感词典,包含情感极性(正向、中性、负向)、情感倾向(满意、一般、不满意),以表格形式进行呈现。

AI 输出:

以下是根据您提供的评论得到的情感分析结果,其中包含了每条评论的情感极性(正向、中性、负向)以及情感倾向(满意、一般、不满意)。

评论文本	情感极性	情感倾向
今天骑手把餐送错地方了,不满意。	负向	不满意
送错地方不说,菜量也太少了,差评。	负向	不满意
还是比较好吃的,就是包装有点漏。	正向	满意
包装太差了,全都洒了。	负向	不满意
我可能吃不惯这种味道,汤比较辣,但是牛肉还是很好吃的。	中性	一般
吃了好几次,除了牛肉不错,其他的实在吃不惯。	中性	一般
比较正宗的特色小吃,牛肉分量够,包子有点硬。	正向	满意
包装有问题,汤洒出来了一半。	负向	不满意
好吃,就是有点辣。	正向	满意

根据情感分析结果,其中有 3 条评论被归类为正向情感,表示满意程度较高;有 2 条评论被归类为中性,表示评价相对中立;有 4 条评论被归类为负向情感,表示不满意程度较高。注意,情感分析的结果是基于对文本情感的推测和分析,可能存在一定的主观性。

运营输入: 对情感分析结果进行分析,并向外卖商家提出业务优化建议。

AI 输出:

根据我们进行的情感分析结果,有 3 条评论被归类为正向情感;有 2

条评论被归类为中性,表示评价相对中立;有 4 条评论被归类为负向情感,表示不满意程度较高。

以下是业务优化建议。

提升送餐准确性:餐品送错地方会导致用户不满意,建议加强对骑手的培训和管理,提高送餐准确性,减少送错地方的情况发生。

优化菜品的分量:用户对菜品分量的不满意可能会影响整体评价,建议对菜品的分量进行合理控制,确保能满足用户的需求。

改进包装的质量:因包装质量问题导致汤洒出来或食物洒掉,会对用户体验造成负面影响,建议改进包装材料和工艺,确保食物安全送到用户手中。

多元化菜品选择:有部分用户对于菜品的辣度表示不满意,建议增加菜品口味选择,以满足不同用户的口味需求。

这些优化建议可以帮助商家改进服务质量、提高用户满意度,并为业务发展奠定更好的基础。

AI 已经完成了文本的情感分析,并给予了业务优化建议。需要注意的是,文本情感分析并不是完全准确的,因为文本中经常存在多义性、歧义性和语境依赖性等问题。此外,不同情感词典的精度和适用场景也会影响情感分析的结果。因此在实际应用中,我们需要结合专业知识和业务需求,对情感分析结果进行进一步的修正和优化。

3.7 策划活动方案:RSM 活动模型的训练

活动运营指的是通过策划、组织、推广和执行各种线上或线下活动,最终促成用户转化、实现指标增长等运营目标。活动策划是活动运营中至关重要的一部分,它能够帮助运营人员明确活动的创意方向,并以此搭建起活动框架及流程。一个好的活动创意能够大幅提升运营效果。因此,活动策划能力已经成为运营人员的基本技能之一。

然而在实际工作中我们不难发现，人的创意很难持续产出。因为在以往的活动策划工作中，运营人员往往需要耗费大量的时间和精力去查找相关资料、研究活动流程，才能找到合适的活动主题和玩法。

现在 AI 可以根据我们的需求，完成一份详细的活动策划方案。这不仅能提高运营人员的工作效率，而且能激发更多的活动策划思路。而我们只需要做一件事，就是教会 AI 活动策划的底层逻辑。

为了帮助运营人员系统地掌握这些能力，本节将主要从以下三个方面展开，分别是 RSM 模型的概念、学习 RSM 模型、RSM 模型的应用。

1. RSM 模型的概念

RSM 是一个经典的活动策划模型，它可以帮助运营人员寻找活动创意、确定活动框架。**其核心思想是在策划活动时，应当从角色、场景、动机三个维度着手进行思考**，即先找到关键用户，再根据用户特征找到合适的触发场景，最后结合用户的心理动机建立起活动的思路框架。

RSM 模型主要分为以下三个维度，如图 3.8 所示。

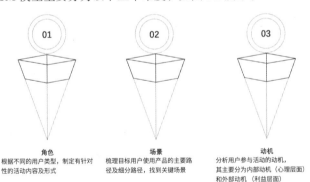

图 3.8　RSM 模型的三个维度

2. 学习 RSM 模型

第一步：让 AI 学习策划模型。

模型名称：RSM 模型。

模型作用：活动策划、活动创意挖掘。

模型学习：基础框架（三个维度）、维度定义。

第二步：让 AI 理解活动需求。

活动背景：向 AI 描述活动需求的背景信息，提供的信息越多，AI 给出的回答就越准确。

输出要求：要求 AI 按照某种特定的格式输出活动创意方案。

3. RSM 模型的应用

接下来通过一个案例让 AI 协助我们生成活动创意方案。

运营输入：你是一位活动策划师，现在需要你学习并理解 RSM 模型，以下是学习内容。

RSM 模型能够在活动策划中帮助我们梳理活动的核心要素、寻找活动创意、确定活动框架。RSM 模型从角色、场景、动机三个维度进行活动策划思考。

维度一：角色

这里的角色是指用户。运营通过不同的维度对用户进行分层，一方面可以关注和利用高价值、高活跃、高潜力的用户；另一方面可以基于不同类型的用户，制定有针对性的活动内容及形式。

维度二：场景

场景的作用是调动用户的情绪、唤醒用户的需求，从而影响用户的决策。运营可以梳理用户使用产品的主要流程路径，找到关键场景。同时也要将场景与用户分层结合起来，因为不同用户的流程路径并不相同，所以相应的关键场景也是不同的。

此外，除了主要路径，运营还需要关注细分路径，它可以反映出用户的个性需求。因为活动运营的目标，通常是让用户进行拉新、活跃、付费行为，这在一定程度上违背了用户的主观意愿；因此在合适的场景进行活动植入，能够有效降低用户的行为阻力。

维度三：动机

用户愿意参与活动的动机，主要分为内部动机和外部动机。

内部动机：运营需要结合用户的类型进行特征分析，通常偏好、社交、炫耀、荣誉、收集、互利等是比较通用的用户内部动机。

外部动机：推动用户完成行为的动机，在活动运营中，它通常以奖励的形式出现，比如，与产品相关的卡券、免费体验、权益等。由于这种奖励只能结合产品来使用，因此也能起到强化品牌、提高用户的活跃度及留存率的作用。

如果你了解了 RSM 模型,请回复"明白"。

AI 输出:
　　明白。RSM 模型从角色、场景和动机三个维度进行活动策划思考,可以帮助我们梳理活动的核心要素、寻找活动创意,并确定活动框架。
　　维度一关注用户的层次。
　　维度二关注调动用户情绪和需求的场景。
　　维度三涉及用户参与活动的内部动机和外部动机。
　　通过综合考虑这些维度,可以更好地设计活动以达到预期的目标。

运营输入: 我们是一家互联网医美电商平台,主要面向女性用户群体。我们发现近期用户活跃度、新用户留存率均有所下降。我们希望使用适合的活动策略,给新用户和低频用户搭建一个了解、体验产品的场景,从而提高新用户的留存率以及增加低频用户的活跃度。
通过分析,我们发现由于夏季用户的脱毛需求比较旺盛,因此可以提供免费脱毛体验 1 次、优惠券、线上积分作为活动奖励。
请你结合活动需求,使用 RSM 模型做一份线上活动的创意策划方案。
策划方案包括以下六个方面。
1. 活动名称
2. 活动背景
3. 活动目标
4. 活动形式
5. 活动流程
6. 活动规则
如果有适合表格呈现的内容,请以表格形式进行呈现,要求排版清晰;如果涉及标题,每个标题需要另起一行。

AI 输出:
　　当然,我很乐意帮助您策划这个线上活动方案。以下是基于 RSM 模型的策划方案,我会尽量以表格形式清晰地呈现每个部分。

　　1. 活动名称
　　炎夏脱毛季,无限畅享美丽。

2. 活动背景

随着夏季的到来，用户对脱毛的需求日益增加。作为专注于医美领域的电商平台，我们希望通过创意活动，为新用户和低频用户提供机会，深入了解和体验我们的产品，从而提升他们的满意度，提高新用户的留存率，增加低频用户的活跃度。

3. 活动目标

提高新用户的留存率，让他们更好地了解我们的产品并建立信任感。

引导低频用户重新关注并使用我们的产品，增加其活跃度和使用频率。

4. 活动形式

免费脱毛体验：为新用户提供一次免费脱毛体验，让他们亲身感受产品效果。

优惠券奖励：为参与活动的用户提供脱毛产品的优惠券，鼓励其购买。

线上积分：根据用户的活动参与情况，赠送线上积分，提升用户的参与积极性。

5. 活动流程

第一步：用户注册并登录平台。

第二步：进入活动页面，了解活动详情。

第三步：参与趣味游戏，并完成游戏。

第四步：获得免费脱毛体验一次或优惠券奖励。

第五步：使用免费脱毛体验一次或消费优惠券。

第六步：获得相应积分奖励。

第七步：积分可兑换礼品或抵扣下次消费金额。

6. 活动规则

第一条：活动面向新用户、低频用户。

第二条：用户需要在活动页面完成注册并登录平台。

第三条：用户参加小游戏，进行脱毛知识答题，获得积分。

第四条：用户利用得到的积分获取免费脱毛体验机会（限一次）、优惠券等奖励。

第五条：用户可以在平台选择适合自己的脱毛产品，使用免费脱毛体验机会或优惠券。

第六条：用户完成脱毛体验或消费产品后，可以额外获得一定数量的积分。

第七条：积分可以在平台兑换线上奖品或抵扣购物金额。

通过这个活动，我们将为用户提供一个深度体验产品的机会，激发他们的兴趣和需求，提高新用户的留存率，同时促使低频用户重新参与，从而增加他们的活跃度。活动的奖励机制结合了用户的内部动机（获得知识、体验产品、积累积分）和外部动机（免费体验、优惠券、线上奖品），以吸引更多用户的参与。同时，活动也与夏季用户的脱毛需求紧密结合，使其更具吸引力和关联性。

AI 不仅提出了活动创意，还给出了活动的大体框架。当然，这里面涉及很多细节的工作，需要运营人员结合实际情况来填充内容和调整方案。运营人员可以使用追问的对话方式来不断地调整方案。比如，如果希望将积分奖励作为调整重点，就可以继续向 AI 提问，要求它细化这部分内容。

运营输入：请根据以下规则细化积分方案。

1. 用户购买脱毛产品后可获得购买金额 10% 的积分返还。
2. 用户使用脱毛产品后可进行评价，返还固定积分。
3. 不同行为的积分获取次数要做合理限制，以每日为单位。
4. 请列举所有的积分获取方式、积分数量、每日获取次数上限。

以上内容请以表格形式进行呈现。

AI 输出：

以下是根据您的需求呈现的表格。

积分获取	积分数量	每日获取次数	备注
购买产品	返回 10% 的积分	无限制	购买金额10%的积分
使用产品	固定积分	1次	完成产品的使用或体验
评价产品	固定积分	1次	完成评价
邀请好友注册	固定积分	5次	每日邀请上限为5次
参与活动游戏	固定积分	3次	每日可参与 3 次各题游戏
每日活动签到	固定积分	1次	进入活动页面完成签到

以上积分方案设定了每日活动次数的限制，可以确保用户在活动期间

> 内有机会获得积分，同时避免过于频繁获取积分而带来的不利影响。这样的设计可以激励用户长期参与活动，从而提高不同用户的活跃度和留存率。

我们可以不断对 AI 给出的方案进行优化，直到方案符合活动的要求为止。

3.8 撰写运营周报：优化工作的展示成果

AI 可以成为一名优秀的工作助理，帮助运营人员减少工作量，提升效率。以写周报为例，本节将从周报的意义、周报的逻辑与周报的生成三个方面进行讲解。

1. 周报的意义

周报，就是将自己一周内的工作成果呈现出来，让领导看到我们对工作的付出和思考，以及传达我们在工作中遇到的问题，以争取一些资源和支持。很多运营人员的工作完成得很好，但就是因为不善于表达，没有让领导和团队充分认识到他的价值，而失去了很多优秀项目和升迁机会。

而周报在某种程度上，其实是运营人员表达自我价值的一种工具。要知道，领导日常要处理大量事务，他往往没有时间和精力去关注每一个员工，甚至不知道员工到底做了哪些具体工作，产出了哪些量化成绩。这时候，那些善于汇报的员工，通过主动向领导展示自己的项目进展和工作亮点，就很容易让领导了解他的工作能力和价值，同时也能为自己争取更多潜在的成长机会。

在实际工作中，很多运营人员对写周报这件事情比较抵触，认为写周报是一件既浪费时间又没有什么收益的事，加之有些企业对周报还有一定的要求，比如，字数不能少于 500，内容要涵盖数据、进度、总结、计划等。这就导致运营人员在工作之余,还要额外花费时间和精力去构思周报。尤其对于那些不擅长文字表达的运营人员而言,哪怕已经认真地写了周报,但在领导的眼中可能仍然是不合格的。

AI 的出现可以很好地解决这个问题。我们只需要告诉它撰写周报的逻辑方法,以及我们大概做了哪些工作,它就可以帮助我们组织、润色、生成一份逻辑清晰、可读性高的周报。

2. 周报的逻辑

简单来说,一份优质的周报,主要包含以下四个方面的内容,如图 3.9 所示。

图 3.9 优质周报的四个方面

(1)整体运营情况

这部分内容要结合总目标,对关键运营指标的数据进行汇报。有些企业可能只需要数据描述即可,而有些企业可能会要求进行数据趋势对比,或通过设置月目标的方式来确定周目标的完成度,具体要求因企业不同而异。

(2)目标项目进度

在运营工作中,往往会有一些长期或重点的项目,这部分内容通常是领导比较关注的,因此我们需要单独汇报这些项目。我们可以使用 STAR 法则,即从项目背景、目标任务、执行动作、执行结果这四个方面进行撰写。如果有必要还可以提出遇到的困难或问题,并说明需要什么样的资源或帮助。

（3）个人思考总结

这部分内容主要突出我们在工作中的思考与成长，让领导看到我们的进步和潜力。比如，有哪些做得比较好的，可以沉淀为项目或团队经验；有哪些做得不太好的地方，后续可以从哪些方面进行改进。

（4）下周工作计划

工作计划要具体、明确，让领导能够很清晰地知道我们下周的安排。

3. 周报的生成

接下来通过一个案例让 AI 协助我们生成一份优质的周报。

> **运营输入**：你是一位运营专家，现在需要你学习并理解周报的撰写方法，以下是学习内容。
> 周报内容由以下三个部分组成。
> 1. 本周工作总结
> 首先对整体运营数据进行总结。然后描述本周的项目进度和运营动作，并对每个项目使用 STAR 法则，即从项目背景、目标任务、执行动作、执行结果这四个方面进行详细描述。
> 2. 个人思考总结
> 对项目工作进行思考和经验总结，形成有价值的结论。
> 3. 下周工作计划
> 下周工作计划要具体、明确。
> 如果你明白了周报的撰写方法，请回复"明白"。

> **AI 输出**：
> 　　明白。

> **运营输入**：以下是本周工作的文本内容，请按照周报的撰写方法，生成一份周报。
> 1. 用户数据报表
> 周活跃用户数 24000，周新增用户数 8000，日活跃峰值 10000，新增次日留存率 25%，活跃次日留存率 43%。

2. 用户转化路径项目

部门希望能对用户开展精准化营销，完成数据从活动投放、活动曝光、点击购买到完成支付的全链路建设，实现不同用户的分群运营。本周已经完成了产品内各个转化路径的梳理，发现部分路径存在数据埋点缺失的情况，下周计划对缺失的数据埋点进行补充。

3. 流失用户召回项目

流失用户是指最近 X 月没有登录平台的用户。由于流失用户在行为上存在高度的一致性，因此采用 AB 测试的方式，将用户平均分成三组，在同一时间对每组发送不同的召回方案。截至目前，A 组召回率 1%，B 组召回率 1.5%，C 组召回率 3.4%。

4. 新客促销活动项目

新客是指没有购买过产品的用户，老客是指购买过产品的用户。本次活动希望将新客转化为老客，目前已完成活动策划方案的撰写，下周计划与产品经理进行相关功能和流程的沟通。

AI 输出：

一、本周工作总结

1. 用户数据报表

周活跃用户数：24000。

周新增用户数：8000。

日活跃峰值：10000。

新增次日留存率：25%。

活跃次日留存率：43%。

2. 用户转化路径项目

项目背景：通过梳理转化路径实现用户精准化分群运营。

目标任务：梳理并完善从活动投放到购买支付的全链路建设。

执行动作：对各个转化路径进行梳理，确保数据可以形成明确的转化链路。

执行结果：完成各个路径梳理，发现部分路径缺失数据埋点，下周计划补全缺失的数据埋点。

3. 流失用户召回项目

项目背景：通过 AB 测试实现流失用户的召回。

目标任务：采用 AB 测试的方式，比较不同的召回方案的效果，为下次召回提供有效经验。

执行动作：分成 A、B、C 三组用户并发送不同的召回方案，截至目前三组的召回率分别为 1%、1.5%、3.4%。

执行结果：C 组的召回方案效果最好，可以为下次召回提供成功的经验。

4. 新客促销活动项目

项目背景：通过促销活动对新客进行转化。

目标任务：推动促销活动计划实施。

执行动作：撰写活动策划方案。

执行结果：完成活动策划方案，下周计划与产品经理进行相关功能和流程的沟通。

二、个人思考总结

通过本周在用户流失召回项目中进行的 AB 测试，我得到了一些重要的思考和总结。

1. 不同方案的召回效果存在明显差异，可以对用户产生不同的影响，因此在制定召回策略时，需要更加细致地思考方案场景和内容。

2. 本次测试采用了相对较短的周期，对于用户流失的召回效果进行了初步评估。在未来的测试中，可以考虑延长测试周期，以观察用户召回效果的持续性和稳定性。

3. 流失用户在行为上具有一致性，这可以更好地观察方案的显著差异。在未来的测试中，我们还可以选择有行为差异的不同用户群体，以测试更具体的群体召回策略。

三、下周工作计划

1. 补充部分路径中缺失的数据埋点，以确保各转化路径的数据完整性。

2. 与产品经理沟通活动的相关功能和流程，推动活动计划的顺利实施。

　　AI 已经完成了周报的撰写，呈现结果清晰明了。我们只需结合自己的理解，对结果稍作调整，就可以交出一份优质的周报。

第四章

AI 驱动分析决策

4.1 数据的力量：AI 提高数据分析效率

数据分析是运营从业者的核心技能，也是体现其运营专业水平的一个标准。通过对数据的建模分析，运营人员可以深入洞察业务、识别潜在的规律和问题，制订精准有效的决策方案。因此，数据分析不仅能优化运营流程、提升效率，还能为业务发展提供战略性指导。

在学习如何让 AI 成为我们的分析助手之前，我们首先需要对数据分析的相关环节有所了解。简单来说，一个完整的数据分析主要包含以下五个方面，如图 4.1 所示。

图 4.1 数据分析的五个方面

（1）数据采集

这一环节涉及数据的收集和整理，它包括数据埋点和基础数据采集。数据埋点是指在产品中添加代码以收集用户的行为数据和其他相关数据，而基础数据采集则是指获取来自各种数据源的数据，如用户信息。

（2）指标建模

这一环节通过定义和建立适合业务的数据指标，如用户转化率、流失率等，来量化业务的关键绩效表现，以更好地了解业务的现状和趋势。

(3)数据监测

这一环节通过对数据进行观察和监测,及时了解业务发展趋势以及异常情况等。

(4)数据分析

这一环节通过对数据进行处理和分析,发现数据中的规律、趋势和关联性等。

(5)业务决策

业务决策是指通过数据分析形成结论,为业务提供指导和赋能。

这里所说的数据分析,主要指的是数据处理和数据分析这两个方面。通过给 AI 补充背景描述和一些参数,我们就可以利用 AI 完成数据的处理,并发现数据中的一些趋势和现象。

在开始分析之前,我们首先要对原始数据进行一定的处理,使数据更加清晰和具有可解释性。通常来说,运营数据的处理主要有以下三种方法,如图 4.2 所示。

数据清洗	数据转换	数据补充
数据清洗是指通过检查、修正和剔除数据中的错误、不完整或重复信息,以确保数据的准确性和一致性	数据转换是指将原始数据转换为可以更好地表达的特征数据,从而使其更易于理解和解读	数据补充是指对数据中的缺失值进行补充,因为原始数据里可能存在一些缺失的空值

图 4.2 运营数据处理的三种方法

(1)数据清洗

数据清洗是指通过检查、修正和剔除数据中的错误、不完整或重复信息,以确保数据的准确性和一致性。在运营分析中,比较常见的数据清洗操作包含剔除异常值和重复值等。

很多时候,运营人员从后台或技术人员那里导出的原始数据,可能存在少量异常数据。比如,某电商平台导出的用户浏览商品次数的原始数据中有十几个浏览次数特别多的用户,而这些用户其实都是电商平台的工作人员。这些异常数据需要被及时剔除,否则会影响数据分析的准确性。

(2)数据转换

数据转换是指将原始数据转换为可以更好地表达的特征数据,从而使其更易于理解和解读。比如,将某电商平台用户的下单时间分为周中、周末,就是数据转换。因为原始数据是自然排列的,它不会帮我们区分哪天是周中或周末,这就需要我们对数据进行转换处理。

(3)数据补充

数据补充是指对数据中的缺失值进行补充,因为原始数据里可能存在一些缺失的空值。比如,一家电商公司需要对用户做 RFM 价值分层,但是由于业务上线得比较早,RFM 模型中有少量数据信息是缺失的,这时就需要去补充缺失值。我们可以使用线性回归等算法,或者计算均值、中位数、众数等方法进行补充。

接下来通过一个案例让 AI 协助我们完成数据处理。

表 4.1 是某互联网电商平台在一段时间内的商品浏览数据,其中部分数据存在异常,运营人员需要对异常数据进行清洗和处理。

表 4.1 商品浏览数据

用户ID	年龄	性别	分类	产品ID	产品名称	浏览次数
1001	25	男	电子产品	B121	电脑	20
1002	32	女	美妆护肤	Z789	口红	15
1003	18	—	服装鞋包	F456	单肩包	10
1004	—	女	服装鞋包	I789	T恤	25
1005	40	男	电子产品	L012	手机	8
1006	32	女	美妆护肤	N345	洗面奶	13
1007	28	男	服装鞋包	R678	T恤	30
1008	22	男	电子产品	U901	—	—
1009	35	女	美妆护肤	X234	洗面奶	18
1010	26	—	美妆护肤	A567	口红	24

第一步:将原始数据发送给 AI。

运营输入: 请以表格形式呈现。

AI 输出：

以下是原始数据的表格呈现形式。

用户ID	年龄	性别	分类	产品ID	产品名称	浏览次数
1001	25	男	电子产品	B121	电脑	20
1002	32	女	美妆护肤	Z789	口红	15
1003	18	—	服装鞋包	F456	单肩包	10
1004	—	女	服装鞋包	I789	T恤	25
1005	40	男	电子产品	L012	手机	8
1006	32	女	美妆护肤	N345	洗面奶	13
1007	28	男	服装鞋包	R678	T恤	30
1008	22	男	电子产品	U901	—	—
1009	35	女	美妆护肤	X234	洗面奶	18
1010	26	—	美妆护肤	A567	口红	24

请注意，表格中的"—"表示缺失的信息。

第二步：删除无效行。

运营输入： 删除浏览次数为空的数据行。

AI 输出：

用户ID	年龄	性别	分类	产品ID	产品名称	浏览次数
1001	25	男	电子产品	B121	电脑	20
1002	32	女	美妆护肤	Z789	口红	15
1003	18	—	服装鞋包	F456	单肩包	10
1004	—	女	服装鞋包	I789	T恤	25
1005	40	男	电子产品	L012	手机	8
1006	32	女	美妆护肤	N345	洗面奶	13
1007	28	男	服装鞋包	R678	T恤	30
1009	35	女	美妆护肤	X234	洗面奶	18
1010	26	—	美妆护肤	A567	口红	24

已删除浏览次数为空的数据行。

第三步：填充缺失值。

运营输入： 请填充年龄和性别列的缺失值。

AI 输出：

  为了填充年龄和性别列的缺失值，可以采用一些常见的策略。例如，使用平均年龄填充缺失的年龄，使用众数填充缺失的性别。以下是填充后的表格。

```
用户ID    年龄   性别   分类      产品ID   产品名称   浏览次数
------+------+------+--------+--------+--------+--------
1001    25    男    电子产品   B121     电脑       20
1002    32    女    美妆护肤   Z789     口红       15
1003    18    女    服装鞋包   F456     单肩包     10
1004    29    女    服装鞋包   I789     T恤        25
1005    40    男    电子产品   L012     手机       8
1006    32    女    美妆护肤   N345     洗面奶     13
1007    28    男    服装鞋包   R678     T恤        30
1009    35    女    美妆护肤   X234     洗面奶     18
1010    26    女    美妆护肤   A567     口红       24
```

注意，年龄的缺失值被用该列的平均值 29（28.7，四舍五入）填充，性别的缺失值被用该列的众数（女）填充。

第四步：进行数据转换。

运营输入：请将年龄划分为青年（18～34 岁）、中年（35～54 岁）、老年（55 岁及以上）三个区间。

AI 输出：

以下是按照年龄分组的表格，其中年龄被分为青年（18～34 岁）、中年（35～54 岁）和老年（55 岁及以上）三个区间。

```
用户ID    年龄   性别   分类      产品ID   产品名称   浏览次数
------+------+------+--------+--------+--------+--------
1001    青年   男    电子产品   B121     电脑       20
1002    青年   女    美妆护肤   Z789     口红       15
1003    青年   女    服装鞋包   F456     单肩包     10
1004    青年   女    服装鞋包   I789     T恤        25
1005    中年   男    电子产品   L012     手机       8
1006    青年   女    美妆护肤   N345     洗面奶     13
1007    青年   男    服装鞋包   R678     T恤        30
1009    中年   女    美妆护肤   X234     洗面奶     18
1010    青年   女    美妆护肤   A567     口红       24
```

年龄组是根据常见的年龄段划分的，具体可根据实际需求和业务规则进行调整。

第五步：进行数据统计。

运营输入：请统计各个分类的总浏览次数和平均浏览次数，以表格形式呈现。

> **AI 输出：**
>
> 以下是各个分类的总浏览次数和平均浏览次数的表格呈现形式。
>
> | 分类 | 总浏览次数 | 平均浏览次数 |
> | --- | --- | --- |
> | 电子产品 | 28 | 14 |
> | 美妆护肤 | 70 | 17.5 |
> | 服装鞋包 | 65 | 21.67 |
>
> 这里的统计是对每个分类下的浏览次数进行求和，并计算每个分类下用户的平均浏览次数。

我们可以根据相应条件对数据进行处理，比如，统计不同分类的热门程度、用户平均浏览次数等。

除了数据处理，AI 还可以进行数据分析。首先将原始数据发送给 AI，然后告诉 AI 相关业务背景和分析思路，并不断地进行补充和调整。

接下来通过一个案例让 AI 协助我们完成数据分析。

表 4.2 是某在线教育平台最近两周的用户付费课程数据，运营人员需要对数据进行简要分析。

表 4.2　用户付费课程数据

日期	星期	活跃人次	活跃人数	付费人数	转化率
2023.12.4	星期一	31230	10410	133	1.28%
2023.12.5	星期二	39339	12690	168	1.32%
2023.12.6	星期三	54368	16990	246	1.45%
2023.12.7	星期四	48352	15110	231	1.53%
2023.12.8	星期五	44299	14290	196	1.37%
2023.12.9	星期六	30060	10020	130	1.30%
2023.12.10	星期日	31650	10550	134	1.27%
2023.12.11	星期一	33120	11040	132	1.20%
2023.12.12	星期二	39649	12790	159	1.24%
2023.12.13	星期三	43424	13570	224	1.65%
2023.12.14	星期四	42976	13430	212	1.58%
2023.12.15	星期五	37882	12220	170	1.39%
2023.12.16	星期六	33360	11120	140	1.26%
2023.12.17	星期日	33420	11140	139	1.25%

第一步：将原始数据发送给 AI。

> **运营输入：** 请以表格形式进行呈现。

> **AI 输出：**
>
> 以下是原始数据的表格呈现形式。

日期	星期	活跃人次	活跃人数	付费人数	转化率
2023 12 4	星期一	31230	10410	133	1.28%
2023 12 5	星期二	39339	12690	168	1.32%
2023 12 6	星期三	54368	16990	246	1.45%
2023 12 7	星期四	48352	15110	231	1.53%
2023 12 8	星期五	44299	14290	196	1.37%
2023 12 9	星期六	30060	10020	130	1.30%
2023 12 10	星期日	31650	10550	134	1.27%
2023 12 11	星期一	33120	11040	132	1.20%
2023 12 12	星期二	39649	12790	159	1.24%
2023 12 13	星期三	43424	13570	224	1.65%
2023 12 14	星期四	42976	13430	212	1.58%
2023 12 15	星期五	37882	12220	170	1.39%
2023 12 16	星期六	33360	11120	140	1.26%
2023 12 17	星期日	33420	11140	139	1.25%

第二步：进行简要的数据分析。

> **运营输入**：以上是某在线教育平台最近两周的用户付费课程数据。请对数据进行分析，并撰写一份分析简报。

AI 输出：

数据分析简报

一、总体趋势

1. 活跃人数与活跃人次：在过去两周内，平台的活跃人次和活跃人数呈现一定的波动趋势，峰值出现在 2023.12.6（星期三），而谷值出现在 2023.12.9（星期六），这可能与用户的工作和学习日程有关。

2. 付费人数与转化率：总体而言，付费人数呈现一定的波动趋势，峰值出现在 2023.12.6（星期三），而谷值出现在 2023.12.9（星期六）。付费人数可能受到诸如促销活动、特殊课程或其他推广策略的影响。平台可以进一步分析每天的波动原因，以确定哪些因素对用户付费意愿的影响最大。转化率在 1.20%～1.65% 波动，整体上呈现相对稳定的趋势，这表明平台在转化方面具有一定的稳定性，用户在访问平台后的付费倾向相对一致。

3. 分时活跃差异：在工作日（星期一至星期五）内，活跃人次和活跃人数普遍较高，而在周末（星期六和星期日），这两个指标略有下降，可能是因为用户在周末更倾向于休息放松，较少进行在线学习。

4. 分时活跃高峰：星期三是活跃人次、活跃人数、付费人数和转化率的高峰。这可能是用户在一周中更加专注学习的时间。此外，星期四也有较好的数据表现。课程的营销策略应将重点放在星期三、星期四的推广上，以提高业务营收。

二、建议和展望

1. 用户参与度提升：通过分析用户在不同时间段的参与情况，平台可以有针对性地推出相关活动，提高用户在低峰时段的参与度。

2. 促销和激励机制：根据付费人数波动情况，平台可以考虑在低谷时期推出促销、激励机制等，以鼓励更多用户参与付费课程。

3. 星期三特别活动：针对星期三的高峰，可以考虑在这一天推出活动，打造每周一次的活动日，如特殊折扣日、知识分享日、在线互动日、新课发布日等。通过这些活动，平台可以更好地利用星期三的高峰，提高用户的活跃度和参与度，从而促进付费行为，增强平台的品牌价值和用户忠诚度。

AI 对原始数据进行了初步分析并得出了一些结论。然而，需要注意的是，这个案例并没有采用指定的分析策略，而只是对数据进行了简单的概括性分析。在数据分析领域，分析策略是决定我们分析水平的关键因素。因此，运营人员需要熟悉一些常用的分析策略或模型，以更好地利用 AI 完成专业的数据分析。

需要注意的是，目前 AI 在进行数学计算时可能会犯错，因此对于 AI 给出的和数字有关的计算结果，我们需要进行检查。

4.2 运营数据分析基础：入门技能与理论框架

本节将介绍基础的数据分析策略，包括指标体系搭建、多维度拆解分析法、假设检验分析法、5W2H 分析法、AB 测试以及漏斗路径分析法，这些策略可以帮助运营人员有效解决大部分的问题。

4.2.1 指标体系搭建：解构业务的指标密码

指标体系是互联网运营中用于观察业务表现的重要工具，它是由一系列关键的量化指标组成的体系框架。它不仅能够监控业务情况，还能够识别和优化业务问题，以确定下一步工作的方向。

例如，某在线教育平台希望了解不同渠道用户的付费转化情况，那么就可以通过付费转化率指标来分析不同渠道的转化价值。

渠道付费转化率 =（渠道付费用户量/渠道总用户量）× 100%。

如果某个渠道的付费转化率较高，而该渠道用户量也相对较大，平台就可以加大对这个渠道的投放力度；反之，如果某个渠道的付费转化率较低，平台可以进一步分析用户行为，优化投放方式或降低投放力度。

以上是一个简单的示例，在实际运营工作中，解决复杂的业务问题并不能仅仅依赖于单一指标，运营人员需要结合业务情况，从不同的维度制定不同的指标，并将这些指标系统地组织起来，形成一个完整的指标体系。

指标体系可以用来评估业务是否正常运转、是否存在风险或异常。当业务出现异常时，运营人员可以通过指标体系快速发现问题，继而通过拆解指标定位问题，最后制定策略解决问题。

指标体系的搭建主要分为以下三个层级，如图 4.3 所示。

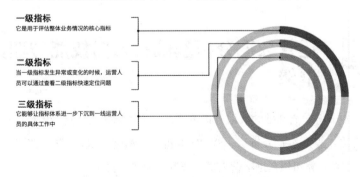

图 4.3 指标体系搭建的层级

一级指标是用于评估整体业务情况的核心指标,这类指标通常对应业务目标和 KPI(关键绩效指标)。例如,某互联网平台的运营目标是提升用户量,那么一级指标就是用户量。

二级指标是通过对一级指标进行深入拆解而得出的。当一级指标发生异常或变化的时候,运营人员可以通过查看二级指标快速定位问题。例如,某互联网平台的一级指标是用户量。从运营角度来看,可以将用户量指标拆解为未注册用户量、注册用户量、注册转化率。

三级指标进一步深化了对二级指标的拆解,让指标体系能够进一步下沉到一线运营人员的具体工作中。通过对指标进行逐级的细化,运营人员可以更清晰地明确工作重点,准确把握工作方向,及时响应工作问题。

在工作中,我们还需要对指标体系的所有指标进行数据监控、生成数据报表,并且对指标体系进行更新维护,以确保指标体系可以全面、及时地反映业务的运营情况。

4.2.2 多维度拆解法:化繁为简的拆解策略

多维度拆解分析法是一种用于解决复杂问题的分析策略,它将问题拆解成不同的维度,并对每个维度进行分析,以便更好地理解问题的本质和各个方面之间的关系。比如,判断一道菜品是否美味,可以从色、香、味三个角度进行评判,色、香、味就是拆解维度。多维度拆解分析法就是将一个整体问题拆解为 A 维度＋B 维度＋C 维度……并进行相互验证,最终得出可靠的分析结论。

例如,某互联网电商平台,发现 8 月份用户的流失情况比较明显,平台希望找到用户流失的原因并制定相应策略。此处用户流失的定义是 30 天未登录的用户。数据截图如图 4.4 所示。

流失用户	5月	6月	7月	8月	9月
	749	725	684	1118	703

图 4.4 数据截图

根据以上数据,可以看出 8 月份的用户流失情况异常明显,其他月份则相对平稳。由于此处流失的定义是 30 天未登录的用户,所以数据具有一定的滞后性,因此在看到 8 月份的流失数据时,也应该将 7 月份的用户情况列入分析重点。下面使用多维度拆解分析法对流失用户进行拆解。

根据平台特征,运营人员将流失用户拆解为新客流失和老客流失。然后发现,用户异常流失主要集中在新客,老客的流失处于正常水平,如图 4.5 所示。

流失用户	5月	6月	7月	8月	9月
新客	609	592	571	1002	584
老客	140	133	113	116	119

图 4.5 数据截图

之后运营人员将新客拆解为不同渠道的新用户,主要由渠道 1、渠道 2、渠道 3 和渠道 4 构成,如图 4.6 所示。

新客流失	5月	6月	7月	8月	9月
渠道1	94	90	81	87	88
渠道2	270	251	243	659	240
渠道3	128	127	122	123	116
渠道4	117	124	125	133	140

图 4.6 数据截图

通过对比不同月份的渠道流失数据,可以发现异常流失主要集中于渠道 2。

通过调查,运营人员发现渠道 2 曾经在 7 月初修改过引流页面的文案,而新文案与渠道用户特征存在不匹配的情况。因此,需要对相关文案进行优化,使其能更精准地吸引渠道用户。

以上是使用多维度拆解分析法进行业务改善的一个案例。在实际工作中,用户异常流失可能不仅是渠道维度的问题,也可能是产品维度、活动维度或用户维度的问题。我们可以通过多维度拆解分析法进行分析,找到具体原因,有针对性地解决问题。

4.2.3 假设检验分析：逻辑推理与统计推断

假设检验分析法是一种基于逻辑推理的分析策略。它首先根据问题现状构建出初步的理论假设；随后收集数据或相关证据，以支持或反驳这一假设；最后，根据收集到的证据进行假设的验证，从而得出结论。比如，医学研究人员先根据研究情况提出一个假设：新药 A 有可能显著降低血压。之后研究人员通过临床试验收集数据，将对照组和试验组的血压变化数据，以及药品安全性、副作用等信息作为证据。最后分析这些数据，如果试验结果支持新药 A 能显著降低血压且副作用可控，则假设检验通过；如果数据不能支持假设，则需要重新建立假设或进一步开展分析。

需要注意的是，我们在针对一个问题进行相关假设时，很容易受到过去主观经验的影响，因此我们应尽量客观审视问题，以提出有效的假设。

例如，某互联网电商平台最近针对老用户推出了新品，但新品上市后并没有引起预期的购买热潮。本期新品与前几期新品相比，购买率下降了。运营人员计划使用假设检验分析法来查找老用户新品购买率下降的原因。

运营人员针对问题提出了以下假设。

假设一：平台存在功能问题，导致老用户无法购买新品。

假设二：运营存在引导问题，导致老用户对新品缺乏感知。

假设三：新品和老用户的需求不匹配，导致老用户不会购买新品。

分析假设一：平台功能问题

运营人员围绕平台的各项功能是否正常进行调查，如服务器是否崩溃，近期是否有大量用户投诉等。最后得出结论：平台的相关功能均能正常使用，没有发现异常问题，因此该假设不成立。

分析假设二：运营引导问题

运营人员对业务流程进行复查，并对新品的宣发入口、Banner（横幅广告）等流量位置进行分析，由于这些流量位置是相对固定的，所以更易于进行周期性的对比分析。通过对比，发现新品入口访问率相较之前有所下降，这可能是因为老用户对新品不感兴趣。

分析假设三：需求匹配问题

运营人员需要分析新品是否能有效满足老用户的需求。通过分析用户搜索记录，发现本期新品并不属于用户高频搜索的内容。此外，运营人员还进行了用户需求调研、用户行为分析等。这些分析结果可以交叉验证一个结论，即在相同的运营场景下，本期新品未能像以往新品那样，有效切入老用户的需求。因此，运营人员后续需要和新品研发人员进行相关沟通，如调整产品定位或营销文案以更好地迎合老用户的需求等。

以上是假设检验分析法进行业务改善的一个案例。从案例可知，结论不是主观判断出来的，而是需要通过数据来验证的。因此建立假设时，应当确保假设具有清晰的描述以及明确的预期结果，即我们提出的假设是可以被数据测量和验证的。此外，在收集和分析数据时，应确保其准确性和合理性，使数据可以对假设进行有效验证，从而为整体决策提供客观依据。

4.2.4　5W2H 思维模式：七维视角思考框架

5W2H 分析法又叫作 7 问法，它是一种帮助我们进行系统性思考的方法。其中，5W 和 2H 是英文单词 What（是什么）、Why（为什么）、Who（谁）、Where（何地）、When（何时），以及 How（怎么做）、How much（多少钱）的首字母缩写。当我们遇到需要解决的问题时，可以通过以下 7 个问题找到解决思路，如图 4.7 所示。

图 4.7　7 问法

5W2H 分析法简单易懂，使用起来快捷高效。运营人员需要将这套思考框架内化成一种思维方式，并在工作中不断地改进和总结，从而提高它的应用效果。

例如，某互联网心理学平台的用户使用产品通常是为了解决某些心理问题，如焦虑、自卑等，产品的内容过于沉重和负面，而且用户之间缺乏互动和交流。运营人员希望使用 5W2H 分析法进行分析，找到优化互动和内容基调的运营方向。需要注意的是，在实际工作中，5W2H 分析法中的每个问题并不是都必须用到，我们可以根据具体情况进行调整。

1.（What）目标是什么

运营人员的目标是提高用户的互动率，在满足用户内容需求的基础上，调整内容的基调以营造轻松愉悦的氛围。

2.（Who）用户是谁

目标用户包括以下 4 类。

① 学生：该类目标用户有时间、有精力、爱社交，容易接受好玩的新鲜事物。

② 职场人士：该类目标用户日常忙碌、压力大，容易产生焦虑等情绪问题。

③ 部分女性：该类目标用户以内心敏感、不自信、有婚恋情感困惑的女性为主。

④ 家庭主妇：该类目标用户有时间、有精力、关注家庭亲子等，需要空间进行个人成长与提升。

3.（Where）用户在哪

目标用户主要活跃在以下产品板块。

① 心理测评板块：该板块的用户年轻活泼，半数为"90后"，70%为女性，近半数单身，兴趣爱好广泛，付费能力有限。

② 心理课程板块：该板块的用户80%为女性，年龄在24～45岁居多，多在一、二线城市，对心理学有一定了解，有轻度心理困惑，关注内在成长、情感婚姻等，有一定的付费能力。

③ 心理咨询板块：该板块的用户有一定的心理困扰问题，深度体验过心理咨询服务，付费能力较强。

4.（When）用户什么时候会产生需求

（1）来自工作

① 当用户产生焦虑感、感到压力大时，需要通过某种方式发泄，释放压力和坏情绪。

② 当用户感到疲惫、乏累时，需要高效放松、休息和转移注意力。

（2）来自生活

① 当用户感到孤独、不被理解时，需要被安慰、被陪伴。

② 当用户遭遇关系矛盾、情感危机时，需要获得专业人士的帮助，积极面对自己的心理困惑。

（3）来自自我

① 当用户产生抑郁、感到迷茫、陷于内耗时，需要人指点迷津，有同伴互助。

② 当用户感到无聊或处于独处状态时，需要高质量独处，利用空闲时间充实自己。

5.（How）用户需求如何满足

（1）内容服务优化

① 内容共鸣：开设情感故事专题，以故事提升用户的活跃度。

② 内容互动：开设热门话题讨论内容，促进用户之间的互动。

③ 内容习惯：开设每晚读书等内容，培养用户连续使用产品的习惯。

（2）内容基调打造

① 趣味内容：开设每周五晚解梦专题，提供轻松有趣的梦的解析。

② 匿名互助：开设匿名"树洞"，用户可匿名发布"心情""吐槽""求助"等内容。

以上是使用 5W2H 分析法进行业务改善的一个案例。在运营工作中，5W2H 分析法还可以用于工作汇报、项目管理、业务流程等。我们可以根据需求来梳理相应的问题，这些问题越具体，就越有助于我们解决问题。

4.2.5　A-B 测试实验：优化决策的科学验证

AB 测试是运营工作中常用的一种实验方法，它将一个群体随机分成两个及以上的群组，不同的群组对应不同的方案，然后通过收集和比较各个群组的数据，从而确定哪个方案更有效。比如，运营人员可以使用 AB 测试，比较两个活动页面的效果。先将用户随机分成两组，其中一组用户使用活动页面 A，另一组用户使用活动页面 B，通过比较这两个页面的活动参与率，就可以确定哪个页面能够更好地让用户参与活动。

AB 测试主要从以下五个方面展开，如图 4.8 所示。

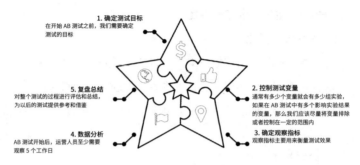

图 4.8　AB 测试的五个方面

（1）确定测试目标

在开始 AB 测试之前，我们需要确定测试的目标。比如，某电商平台为了提高商品页面的购买转化率，专门优化了一版新页面。那么测试目标就是验证新商品页面对于用户购买行为的影响。这样在后续的实验设计中，我们就可以针对特定的变量进行优化，比如，重新设计页面风格、更改页面文案、对商品进行重新排列等。

（2）控制测试变量

通常有多少个变量就会有多少组实验，如果在 AB 测试中有多个影响实验结果的变量，那么我们应该尽量将变量排除或者控制在一定的范围内。例如，我们希望验证活动文案对用户行为的影响，那我们应该让实验组和对照组中的数据来源保持一致，比如，使用同一时间段的用户参与率等。这可以确保 AB 测试的结果不同是因为活动文案的不同引起的，而不是由数据来源的差异而导致的。

（3）确定观察指标

观察指标主要用来衡量测试效果。在 AB 测试中，通常将观察指标分为关键指标和辅助指标。比如，我们想验证一种新的信息流策略对用户转化率的影响，能作为关键指标的就有点击率和转化率。如果点击率和转化率都得到了显著提升，我们就可以认为新策略是成功的。此外，我们还可以关注用户的跳出率等其他辅助指标，从而进一步验证测试结果的可靠性。

（4）数据分析

AB 测试开始后，运营人员至少需要观察 5 个工作日，特别是对于测试效果在前期波动较大的，需要观察更长的时间。通过对比分析测试数据，我们可以根据测试的结果来决定下一步的动作，是调整变量继续测试还是全策略应用上线。一般整个过程可能会反复几个阶段，直到迭代出效果最好的策略。

（5）复盘总结

复盘是 AB 测试中的最后一个步骤。在这个阶段，我们需要对整个测试的过程进行评估和总结，为以后的测试提供参考和借鉴。我们可以从以下几个方面对 AB 测试进行评估和总结。

测试的目标是否明确且可实现？

测试的设计是否合理且符合业务实际情况？

测试的执行是否存在偏差或误差？

测试的结果是否达到预期的效果？

测试过程中有哪些成功经验可以复制或借鉴？

AB 测试已经成为运营人员必须掌握的技能之一。因为在这个存量经济时代，随便发起一个运营活动已难以带来显著收益。运营人员需要使用更加科学、精准的方式来指导业务，从而更好地推动业务增长和运营效果优化。

4.2.6 漏斗转化模型：剖析关键的转化节点

漏斗路径分析法是一种业务路径的转化分析方法，它的适用场景非常广泛，线上或线下的场景都可以适用。当业务形成明确的路径或流程后，运营人员就可以搭建漏斗模型，并对每个环节的转化率进行观察，定位问题环节，提高其转化率。在运营工作中，漏斗路径分析法常被用于转化分析和流失分析，即对转化率和流失率进行分析。

例如，某电商平台新上架了一款商品，需要分析该商品的首页购买转化率。那么其漏斗模型的路径就是：首页→商品详情页→创建订单→完成支付，如图 4.9 所示。

漏斗路径	用户数量	流失用户	转化率
首页	1000	-	-
商品详情页	334	666	33.40%
创建订单	62	272	18.56%
完成支付	30	32	48.39%

图 4.9　数据截图

漏斗模型的搭建主要分为以下 3 个步骤，如图 4.10 所示。

确定业务路径	分析流失原因	优化运营动作
明确定义了用户从接触到转化的各个路径阶段	搭建出漏斗模型后，我们需要观察每个环节的转化数据，找到不同环节的用户流失原因	罗列完各种原因之后，我们需要将这些原因按照优先级进行降序排列，先对结果影响比较明显的原因进行优化

图 4.10　漏斗模型的搭建步骤

（1）确定业务路径

这一环节明确定义了用户从接触到转化的各个路径阶段。例如，某电商平台有一个专门售卖智能家居产品的私域社群。用户进群后，看到群主发布了一款扫地机器人产品，产品图片和功能介绍都很打动用户，于是用户点击扫地机器人的小程序进入了商品详情页，在浏览了产品评价后，觉得性价比很高就进行了购买下单。至此，漏斗模型就已经形成：看到商品信息→进入商品详情页→完成支付。

（2）分析流失原因

搭建出漏斗模型后，我们需要观察每个环节的转化数据，找到不同环节的用户流失原因。例如，如果用户从看到商品信息到进入商品详情页的转化率很低，那么我们就需要思考是什么原因导致用户不愿意浏览该商品，是推送的时间不对，商品信息不够吸引人，还是价格太高不符合用户的消费水平。我们需要把能想到的原因都罗列出来。

(3)优化运营动作

罗列完各种原因之后,我们需要将这些原因按照优先级进行降序排列,先对结果影响比较明显的原因进行优化。比如,将普通的群发改成群公告,这样能够让更多用户看到商品,从而提高商品的曝光率和点击率。优化完之后统计好数据,之后持续观察漏斗模型各个环节的数据指标的变化,定期进行分析和调整。经过几次这样的循环之后,就能快速把漏斗数据优化到最佳状态,从而促进业务的发展。

4.3 运营数据分析进阶:高阶技巧与算法模型

运营数据分析进阶涉及较为复杂的数据算法和专业模型的应用,它可以为运营策略的制定和执行提供更科学、更有深度的支持。本节将介绍进阶的数据知识和算法模型,旨在为运营人员提供更深层次的数据洞察力,使其决策更具战略性和创新性。

4.3.1 描述统计学:掌握数据统计相关概念

描述统计学是统计学中的一个分支,它主要包括收集数据、整理数据、总结数据和解释数据,可以帮助人们更好地理解数据的特征及相关规律。

对于从事机器学习和数据挖掘方向的专业分析师来说,他们往往需要掌握较为高深的统计学知识来支持复杂的数据分析和模型构建。

而对于主要从事业务和商业分析的运营人员来说,掌握一些基础的描述统计学知识,能够有效地描述和推断数据,为业务决策提供合理支持就可以了。因此,即使不是专业的数据分析师,掌握以下基础的描述统计学知识,也有助于提升自身在运营业务中的洞察能力和分析能力。

描述统计学通常将数据分为以下两种类型,如图4.11所示。

图 4.11　数据类型

此外,数值数据和分类数据可以互相转换。比如,年龄为"17岁","17"就是一个数值数据。如果我们将"17岁"描述为"青年",就把数值数据转换成了分类数据。

同样,我们也可以将分类数据转换为数值数据,也叫作编码。例如,将"男性"编码为1,将"女性"编码为0,这样就可以更方便地进行统计分析了。

除了数据类型,运营人员还需要掌握以下常见的统计学术语,以便更好地分析和解释数据。

总体是指研究对象的全体集合,包括统计研究所涉及的所有个体、事件或观察对象。在统计学中,总体通常是广泛的、难以完全观察和测量的。比如,你想研究全球手机用户的购买行为。在这个场景中,总体就是全球范围内使用手机的所有人。

样本是指从总体中抽取的部分个体或观察对象的集合,用于代表和推断总体的特征、属性或行为。比如,你想研究全球手机用户的购买行为,由于无法直接观察和调查到全球所有手机用户,你可能需要从总体中抽取一个样本来代表整个总体,然后通过对样本进行统计分析,推断出关于全球手机用户购买行为的结论。

频数是指某个数值或数值范围在数据集中出现的次数。假设有一组数据:2、4、4、6、6、6。在这个数据集中,数值2出现了1次,因此频数为1；数值4出现了2次，因此频数为2；数值6出现了3次，因此频数为3。

频数百分比是指某个数值或数值范围在数据集中出现的次数在总样本数中所占的比例，通常以百分数的形式表示。假设有一组数据：2, 4, 4, 6, 6, 6。我们可以将每个数值的频数除以总样本数，再乘以100%来计算频数百分比。比如，数值2的频数百分比为（1/6）×100%＝16.67%，数值4的频数百分比为（2/6）×100%＝33.33%，数值6的频数百分比为（3/6）×100%＝50%。

比例是指各个部分数量占总体数量的比重，通常反映总体的构成情况，即部分与整体之间的关系。比例可以用数值、分数或百分比来表示。

比率是一个用来衡量不同类别数据之间相对大小关系的指标。它表示一个类别相对于另一个类别的倍数或比例关系，可以大于1，通常用分数或百分数来表示。

绝对数是指表示事物具体数量或大小的数值，如总人口、年GDP等。它可以直观地描述某个事物或现象的具体情况。

相对数是一个用于反映客观现象之间的数量联系紧密程度的综合指标。相对数通常以倍数、百分数等形式表示，相对数＝比较值（比数）/基础值（基数），比较值通常是我们要研究的特定数值，而基础值则是用作比较的参照数值。

倍数是指一个数相对于另一个数的倍数关系。当一个数是另一个数的整数倍时，我们称这两个数之间存在倍数关系。比如，6是3的倍数，因为6可以被3整除，结果为2，即6是3的2倍。

均值是指一组数据的平均数。均值的计算方法是将一组数据中的所有数值相加，然后除以数据的个数。均值可以用于描述数据的集中趋势，它给出了数据集中的一个典型值。假设有一组数据"2, 4, 6, 8, 10"，那么这组数据的均值可以通过将这些数据相加并除以总数5来计算得出，即（2+4+6+8+10）/5＝6。

中位数是指一组数据按照大小顺序排列后，位于中间位置的数值。如果数据集中的元素数量为奇数，则中位数是按大小顺序排列后位于中间位置的数值；如果数据集中的元素数量为偶数，则中位数是按大小顺序排列后位于中间位置的两个数值的平均值。假设有一组数据"4, 7, 2, 9, 5"，将其按照大小排序后为"2, 4, 5, 7, 9"。由于数据集中的元素数量为奇数，中位数就是位于按大小顺序排列后中间位置的数值，因此中位数为5。

众数是指在一组数据中出现次数最多的数值。一个数据集可以有多个众数，即出现次数最多且相同的数值。假设有一组数据"2, 4, 4, 6, 6, 6, 8"。在这组数据中，出现次数最多的数是6，因此6就是这组数据的众数。

缺失值是指现有数据集中某个或某些属性的值是不完整的。对于缺失值，通常可以使用均值、众数、中位数、最邻近值以及通过预测模型计算来进行补全。

异常值是指一组数据中与平均值的偏差超过两倍标准差的观测值。其中，与平均值的偏差超过三倍标准差的观测值被称为高度异常的异常值。处理异常值通常有以下两种方法。

删除异常值：如果确定某个观测值是错误的或异常的，可以将其从数据集中删除。

替换异常值：可以使用合适的方法（如均值、中位数等）将异常值替换为其他数值，以减少其影响。

方差是一个用来衡量一组数据离散程度的指标，通过计算每个数据点与均值的差值的平方，并对这些平方差值进行求和得到。方差越大，表示数据点相对于均值的分散程度越大；方差越小，表示数据点越接近均值。

标准差是一个用来衡量数据集的离散程度的指标。它是方差的算术平方根，表示数据点相对于均值的平均偏离程度。标准差越大，数据点相对于均值的离散程度就越大；标准差越小，数据点相对于均值的离散程度就越小。

变量能储存计算结果或表示抽象的概念。变量就像一个盒子,可以用来存放各种不同的值或信息。我们可以通过给这个盒子赋值或更新值来表示不同的数据或属性。比如,用变量来表示年龄、身高、体重等,以便在统计学中进行分析和计算。

同比是用来比较相同时间段内不同年份的数据变化情况,通常以百分比的形式表示。比如,2023 年的销售额同比增长率 =(2023 年的销售额 -2022 年的销售额)/2022 年的销售额 × 100%。

环比是用来比较相邻时间段内的数据变化情况,通常以百分比的形式表示。与同比不同的是,环比比较的是连续时间段内的数据变化。

置信区间是通过统计方法得出的一个范围,用来估计样本中真实参数的可能取值范围。置信区间就好像用一个箱子来描述我们对数据范围的信心程度。这个箱子告诉我们,真实数值有很大可能在这个范围内。

聚类用于将相似的数据点或样本划分为具有相同特征或属性的组或簇。聚类就像是给一堆杂乱的东西分类,把相似的东西放到一起,把不同的东西放到不同的组里。这样一来,我们就可以更好地理解数据,找出它们之间的规律和特点。

数据挖掘是指利用统计学、机器学习和数据库技术等方法,从大规模数据中提取隐藏的规律、关联和趋势的过程,可以帮助人们做出更准确的决策和预测。

数据建模是指利用数学和统计方法,对现有数据进行分析和学习,以创建能够描述数据关系和模式的数学模型,从而帮助预测未来事件或为决策提供支持。

相关性是指两个或多个变量之间的关联程度或关系强度。当一个变量的取值发生变化时,另一个(或其他)变量的取值也发生了相应的变化,就可以用相关性来描述这种关系。比如,你想研究体重和身高之间的关系,通过收集一组人的身高和体重数据,就可以计算出身高和体重之间的相关性。如果数据显示身高增加时体重也相应地增加,那么身高和体重之间可能存在正相关性；相反，如果数据显示身高增加时体重减少，那么身高和体重之间可能存在负相关性。

数据标准化是指将不同范围、单位或分布的数据转换为具有统一标准的形式，以便进行比较、分析和处理。它是数据预处理的一项重要步骤，可以消除数据之间的差异，使其具备可比性和可解释性。比如，判断两个人的身材好坏，有三个指标：身高、体重、BMI（身体质量指数）。由于这三个指标的属性、单位、数值都不一样，没法直接对这三个指标进行比较和加权求和。所以首先要做的是通过标准化处理，将这三个指标转化成同一基准，从而进行比较、加权求和等操作。

4.3.2 数据标准化：构建数据的一致性框架

在数据分析中，有时我们需要比较一些数据的大小或者变化，但这些数据可能有着不同的类型或者范围，很难直接进行观测。这时候就可以用标准化法将不同类型的数据转化为无量纲的数据，使其更易于被观测，以及了解不同的数据的相对位置。本小节将介绍运营工作中常用的两种数据标准化方法：极差标准化和 Z 分数。

1. 极差标准化

极差标准化是一种便捷的数据标准化方法，它可以将数值范围映射到 0 ~ 1 之间的标准化值范围，使不同变量的数据更易于比较和分析。然而，需要注意的是，该方法对异常极端值较为敏感。因此，在应用极差标准化时，需要特别关注异常极端值的处理，以确保它们不会对标准化结果产生不良影响。

极差标准化的公式如下。

极差标准化值 =（当前值-最小值）/（最大值-最小值）

其中，当前值表示待标准化的单个观测值，最小值表示变量的最小取值，最大值表示变量的最大取值。

接下来通过一个案例让 AI 协助我们完成极差标准化的处理。

某电商平台有一份不同产品的销售数据,数据主要有两个类型,分别是销售额和库存量,运营人员想要观测不同的产品在销售额和库存量上的相对位置和比例。

首先获取"产品销售"的原始数据,如图 4.12 所示。

产品编号	销售额(元)	库存量
1	1 100 000	110
2	5 200 000	60
3	3 300 000	80
4	2 700 000	100
5	4 500 000	70
6	2 900 000	180
7	3 800 000	120
8	4 600 000	40
9	1 700 000	70
10	840 000	20

图 4.12 原始数据截图

第一步:将原始数据发送给 AI。

运营输入:这是一份原始数据,请将其以表格形式进行呈现。

AI 输出:

以下是您提供的原始数据的表格呈现形式。

产品编号	销售额(元)	库存量
1	1 100 000	110
2	5 200 000	60
3	3 300 000	80
4	2 700 000	100
5	4 500 000	70
6	2 900 000	180
7	3 800 000	120
8	4 600 000	40
9	1 700 000	70
10	840 000	20

这个表格显示了每个产品的销售额和库存量。

第二步:求销售额的最大值和最小值。

运营输入:计算"最大销售额"和"最小销售额"。

AI 输出:

最大销售额是指销售额中的最大值,根据您提供的数据,最大销售额为 5 200 000 元。

最小销售额是指销售额中的最小值,根据您提供的数据,最小销售额为 840 000 元。

第三步:求销售额的极差标准化值。

> **运营输入:**新增一列"销售额极差标准化值",计算"销售额"列的极差标准化值(保留 4 位小数),计算公式如下。
> 极差标准化值 =(当前销售额 – 最小销售额)/(最大销售额 – 最小销售额)
> 请将其以表格形式进行呈现,并以文字列出详细的计算过程。

AI 输出:

好的,我将为每个产品计算销售额极差标准化值并添加到表格中。以下是详细的计算过程。

最大销售额:5 200 000。

最小销售额:840 000。

计算每个产品的销售额极差标准化值。

产品 1:(1 100 000 – 840 000)/(5 200 000 – 840 000)=0.0596

产品 2:(5 200 000 – 840 000)/(5 200 000 – 840 000)=1.0000

产品 3:(3 300 000 – 840 000)/(5 200 000 – 840 000)=0.5642

产品 4:(2 700 000 – 840 000)/(5 200 000 – 840 000)=0.4266

产品 5:(4 500 000 – 840 000)/(5 200 000 – 840 000)=0.8394

产品 6:(2 900 000 – 840 000)/(5 200 000 – 840 000)=0.4725

产品 7:(3 800 000 – 840 000)/(5 200 000 – 840 000)=0.6789

产品 8:(4 600 000 – 840 000)/(5 200 000 – 840 000)=0.8624

产品 9:(1 700 000 – 840 000)/(5 200 000 – 840 000)=0.1972

产品 10:(840 000 – 840 000)/(5 200 000 – 840 000)=0.0000

现在,将销售额极差标准化值添加到表格中。

产品编号	销售额（元）	库存量	销售额极差标准化值
1	1 100 000	110	0.0596
2	5 200 000	60	1.0000
3	3 300 000	80	0.5642
4	2 700 000	100	0.4266
5	4 500 000	70	0.8394
6	2 900 000	180	0.4725
7	3 800 000	120	0.6789
8	4 600 000	40	0.8624
9	1 700 000	70	0.1972
10	840 000	20	0.0000

第四步：求库存量的最大值和最小值。

运营输入：计算"最大库存量"和"最小库存量"。

AI 输出：

最大库存量是指库存量中的最大值，根据您提供的数据，最大库存量为 180。

最小库存量是指库存量中的最小值，根据您提供的数据，最小库存量为 20。

第五步：求库存量的极差标准化值。

运营输入：新增一列"库存量极差标准化值"，计算"库存量"列的极差标准化值（保留 4 位小数），计算公式如下。
极差标准化值 =（当前库存量 − 最小库存量）/（最大库存量 − 最小库存量）
请将其以表格形式进行呈现，并以文字形式列出详细的计算过程。

AI 输出：

好的，我将为每个产品计算库存量极差标准化值并添加到表格中。以下是详细的计算过程。

最大库存量：180。

最小库存量：20。

计算每个产品的库存量极差标准化值。

产品 1：（110 − 20）/（180 − 20）= 0.5625

产品 2：（60 − 20）/（180 − 20）= 0.2500

产品 3: (80 – 20) / (180 – 20) =0.3750
产品 4: (100 – 20) / (180 – 20) =0.5000
产品 5: (70 – 20) / (180 – 20) =0.3125
产品 6: (180 – 20) / (180 – 20) =1.0000
产品 7: (120 – 20) / (180 – 20) =0.6250
产品 8: (40 – 20) / (180 – 20) =0.1250
产品 9: (70 – 20) / (180 – 20) =0.3125
产品 10: (20 – 20) / (180 – 20) =0.0000

现在，将库存量极差标准化值添加到表格中。

产品编号	销售额	库存量	销售额极差标准化值	库存量极差标准化值
1	1 100 000	110	0.0596	0.5625
2	5 200 000	60	1.0000	0.2500
3	3 300 000	80	0.5642	0.3750
4	2 700 000	100	0.4266	0.5000
5	4 500 000	70	0.8394	0.3125
6	2 900 000	180	0.4725	1.0000
7	3 800 000	120	0.6789	0.6250
8	4 600 000	40	0.8624	0.1250
9	1 700 000	70	0.1972	0.3125
10	840 000	20	0.0000	0.0000

AI 已经完成了极差标准化的处理，从而能够让运营人员更直观地观测不同产品在销售额和库存量上的相对位置和比例。

2. Z 分数

Z 分数（Z-score）也被叫作标准分数。Z 分数通过 $(x-\mu)/\sigma$ 将两组或多组数据转化为无量纲的 Z-score 分值，使得数据标准统一化，从而提高数据可比性，降低数据解释的复杂性。

Z 分数能够应用于数值型的数据，并且不受数据量级的影响，因为它本身的作用就是消除量级给分析带来的不便。此外，Z 分数对于数据的分布有一定的要求，正态分布是最有利于 Z 分数计算的。

简单来说，Z 分数会把数据集中的每个值都减去这个数据集的平均值，然后除以数据集的标准差，这个结果就是标准化值，也被称为 Z 得分。

Z 分数与极差标准化最大的区别是，Z 分数的容错能力要比极差标准化更高。因此，Z 分数可以适用于更多数据场景。

接下来通过一个案例让 AI 协助我们完成 Z 分数值的处理。

表 4.3 是某互联网平台近 10 周的用户活跃数据，可以看到，即使给数据添加了条形图，也很难直接对比不同日期的数据。因此，运营人员希望使用 Z 分数进行数据处理，使数据之间的对比更加明显。

表 4.3　用户活跃数据

	星期一	星期二	星期三	星期四	星期五	星期六	星期日
第1周	6542	7829	7365	7712	5848	5079	7409
第2周	7474	7623	9413	8294	6253	5295	7837
第3周	8294	8379	8713	8136	6385	5785	8573
第4周	8732	9485	8811	8724	6641	5721	8616
第5周	9061	8592	8457	7958	7869	5690	5501
第6周	5569	9096	9462	9418	6457	5815	8937
第7周	8833	8480	8443	8594	6319	5795	8513
第8周	8575	8649	8354	8239	6103	5584	7969
第9周	7898	7768	7674	7667	5382	4650	7034
第10周	7996	8210	8374	8011	6267	5201	7187

第一步：将原始数据发送给 AI。

运营输入：这是一份原始数据，请将其以表格形式进行呈现。

AI 输出：

以下是您提供的原始数据的表格呈现形式。

	星期一	星期二	星期三	星期四	星期五	星期六	星期日
第1周	6542	7829	7365	7712	5848	5079	7409
第2周	7474	7623	9413	8294	6253	5295	7837
第3周	8294	8379	8713	8136	6385	5785	8573
第4周	8732	9485	8811	8724	6641	5721	8616
第5周	9061	8592	8457	7958	7869	5690	5501
第6周	5569	9096	9462	9418	6457	5815	8937
第7周	8833	8480	8443	8594	6319	5795	8513
第8周	8575	8649	8354	8239	6103	5584	7969
第9周	7898	7768	7674	7667	5382	4650	7034
第10周	7996	8210	8374	8011	6267	5201	7187

这个表格显示了每周的数据以及一周中每天的值。

第二步：求整体数据的平均值。

运营输入：计算整体数据的平均值。

AI 输出：

要计算整体数据的平均值，可以将所有数值加起来，然后除以总数。以下是整体数据的平均值。

整体数据的总和：6542+7829+…+7187=526619

整体数据的数量：70

整体数据的平均值：526619/70=7523.13

请注意，这个数值已经经过四舍五入处理。如果有任何进一步的问题，请随时提问。

第三步：求整体数据的标准差。

运营输入：计算整体数据的标准差，并列出计算步骤。

AI 输出：

以下是整体数据的标准差计算步骤。

计算周数据的平均值。

以第 1 周为例，周数据的平均值计算方式如下。

（6542+7829+7365+7712+5848+5079+7409）/7=6826.29

以此类推计算所有周数据的平均值。

计算周数据的每个数据与周数据平均值之差的平方，并将这些平方差相加。

以第 1 周为例，周数据的平方差之和的计算方式如下。

（6542-6826.29）^2+（7829-6826.29）^2+（7365-6826.29）^2+（7712-6826.29）^2+（5848-6826.29）^2+（5079-6826.29）^2+（7409-6826.29）^2=6510563.43

以此类推计算所有周数据的平方差之和。

计算所有周数据的平方差之和，计算方式如下。

6510563.43+13594561.53+14170113.45+22699906.75+16186435.91+26010468.83+16666084.49+14082124.81+10326140.81+10166303.47=150412703.48

计算整体数据的方差：将所有周数据的平方差总和除以整体数据的数量，计算方式如下。

150412703.48/70=2148752.91
计算整体数据的标准差:将整体数据的方差进行开方,计算方式如下。
$\sqrt{2148752.9}=1465.86$
根据您提供的数据,整体数据的标准差约为 1465.86。

第四步:求整体数据的标准值。

运营输入: 计算整体数据的标准值,标准值=(当前数值-整体数据的平均值)/ 整体数据的标准差,并用标准值替换原数值,保留 2 位小数,对表格进行更新。

AI 输出:
以下是整体数据的标准值的表格呈现形式。

	星期一	星期二	星期三	星期四	星期五	星期六	星期日
第1周	-0.67	0.21	-0.11	0.13	-1.14	-1.67	-0.08
第2周	-0.03	0.07	1.29	0.53	-0.87	-1.52	0.21
第3周	0.53	0.58	0.81	0.42	-0.78	-1.19	0.72
第4周	0.82	1.34	0.88	0.82	-0.60	-1.23	0.75
第5周	1.05	0.71	0.64	0.30	0.24	-1.25	-1.38
第6周	-1.33	1.07	1.32	1.29	-0.73	-1.17	0.96
第7周	0.89	0.65	0.63	0.73	-0.82	-1.18	0.68
第8周	0.72	0.77	0.57	0.49	-0.97	-1.32	0.30
第9周	0.26	0.17	0.10	0.10	-1.46	-1.96	-0.33
第10周	0.32	0.47	0.58	0.33	-0.86	-1.58	-0.23

注意,更新后的数值为标准值,以代表原数值在整体数据中的相对位置。

AI 已经完成了数据标准化处理,可以看到数据之间已经产生了较为明显的差异,更易于进行对比。

此外,标准值还可以用于简单预测。比如,我们想快速预测第 11 周星期一的活跃用户数,就可以根据之前的数据处理结果进行以下操作。

首先计算最近 3 周(根据实际业务灵活定义)的星期一标准化平均值。

星期一的平均值=(0.72+0.26+0.32)/3=0.43。

然后还原活跃用户数原值:整体数据的平均值 + 整体数据的标准差 × 最近 3 周的标准化平均值。

星期一的预测用户数 =7523.13+1465.86×0.43=8153。

因为是预测用户数,所以要保留整数。

4.3.3 四分位数法:快速实现数据范围划分

四分位数法是一种统计学中常用的数据分组方法,它将数据按照数值的大小进行排序,然后将数据分成四个部分,每个部分包含大致相等数量的数据,如图 4.13 所示。

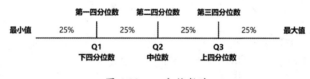

图 4.13 四分位数法

第一四分位数(Q1):将数据集从最小值开始划分 1/4 的位置处的值。它表示 25% 的数据位于该值之前。

第二四分位数(Q2):也称为中位数,将数据集划分为两半的位置处的值。它表示 50% 的数据位于该值之前。

第三四分位数(Q3):将数据集从最小值开始划分 3/4 的位置处的值。它表示 75% 的数据位于该值之前。

通常在计算第一四分位数和第三四分位数之前,需要先计算第二四分位数,因为它将数据集分割成相等的两部分,有助于确定切分点。确定了第二四分位数的位置,我们才能继续计算第一四分位数和第三四分位数。

通过计算这三个四分位数,可以得到一个关于数据分布较为详细的描述。此外,还可以计算出四分位数之间的距离,即四分位距(IQR),定义为 Q3-Q1。

四分位数法在数据分析和可视化中应用广泛,可用于识别异常值,比较数据集的离散程度以及发现数据的分布特征。

在一些用户分析场景中，如 RFM 模型，四分位数法比起均值法，会更合理一些，适用的运营场景也更多一些。

接下来通过一个案例让 AI 协助我们用四分位数法处理数据。

表 4.4 是某电商平台的一份用户的购买金额数据，运营人员需要将购买金额进行四分位数法处理。

表 4.4 购买金额数据

金额（元）
833
652
794
1187
470
890
520
1500
727
662
438
610
651
330
814
650
401
120
263
90

第一步：将原始数据发送给 AI。

运营输入：这是一份原始数据，请将其以表格形式进行呈现。

AI 输出：

以下是您提供的原始数据的表格呈现形式。

```
金额（元）
--------+
    833
    652
    794
   1187
    470
    890
    520
   1500
    727
    662
    438
    610
    651
    330
    814
    650
    401
    120
    263
     90
```

第二步：将数据按从小到大的顺序进行排序。

> **运营输入：** 将所有数据按从小到大的顺序进行排序，以表格形式呈现。

AI 输出：

以下是按从小到大的顺序进行排序的数据表格。

```
金额（元）
--------+
     90
    120
    263
    330
    401
    438
    470
    520
    610
    650
    651
    652
    662
    727
    794
    814
    833
    890
   1187
   1500
```

第三步：求最小值和最大值。

> **运营输入**：计算最小值和最大值。

AI 输出：
最小值为 90，最大值为 1500。

第四步：求第二四分位数。

> **运营输入**：计算第二四分位数，列出计算过程。

AI 输出：
以下是第二四分位数的计算过程。
数值个数（n）=20
中位数索引 =（n+1）/2=（20+1）/2=10.5
因为索引是小数，所以我们需要取两个中间数的平均值。
Q2=(第 10 个数值 + 第 11 个数值)/2
=（650+651）/2=650.5

第五步：求第一四分位数。

> **运营输入**：计算第一四分位数，列出计算过程。

AI 输出：
以下是第一四分位数的计算过程。
Q1 索引 =（n+1）/4=（20+1）/4=5.25
Q1=(第 5 个数值 + 第 6 个数值)/2
=（401+438）/2=419.5

第六步：求第三四分位数。

> **运营输入**：计算第三四分位数，列出计算过程。

AI 输出：
以下是第三四分位数的计算过程。

```
Q3 索引 =（3×（n+1））/4=（3×（20+1））/4=15.75
Q3=(第 15 个数值 + 第 16 个数值)/2
  =（794+814）/2=804
```

第七步：四分位数排列。

> **运营输入**：列出从最小值到最大值的四分位数排序结果。

AI 输出：

以下是从最小值到最大值的四分位数排序结果。

最小值：90。

第一四分位数（Q1）：419.5。

第二四分位数（中位数）（Q2）：650.5。

第三四分位数（Q3）：804。

最大值：1500。

第 1 组数据：90 ～ 419.5

第 2 组数据：419.5 ～ 650.5

第 3 组数据：650.5 ～ 804

第 4 组数据：804 ～ 1500

AI 已经完成了数据四分位数的处理，并且按从小到大的顺序给出了 4 组数值。

4.3.4 层次分析法：主观决策权重计算方法

在运营工作中，我们经常会遇到需要比较不同因素权重的情况。比如，在 RFM 模型中，如何对 R、F、M 的权重进行比较。因为在一些业务场景中，R、F、M 这三个指标并不是同等重要的。比如，在零售行业，消费频率的 F 值对于业务的重要性可能更高；而在医美行业，消费金额的 M 值可能最为重要，因为医美并不属于日常消费产品。当我们认为不同指标可能对应不同的重要程度时，就可以使用层次分析法来计算不同因素的权重。

层次分析法的原理是通过比较不同因素的重要程度，将运营人员的主观意见转化为数值化权重，使决策过程更加客观和科学。层次分析法的具体操作方法如下。

首先通过两两比较不同因素，构建判断矩阵。判断矩阵中的每个元素表示对应因素的相对重要性，因素比较可以由专业运营人员进行打分。比较常见的是 9 分制，其中同等重要为 1，稍微重要为 3，较强重要为 5，强烈重要为 7，极端重要为 9，并且以 2、4、6、8 作为相邻判断的中间值。当然，在实际判断中，我们可以根据业务进行分值的调整，不必完全照本宣科。

其次通过计算判断矩阵的特征值和特征向量，得出每个因素的权重。

最后通过一致性检验来判断矩阵是否合理。一致性检验的目的是检验判断矩阵是否存在逻辑错误。例如，以 A、B、C 构建判断矩阵，若 A 比 B 重要，C 比 A 重要，根据逻辑则 C 比 B 重要；若发现 B 比 C 重要，则判断矩阵存在逻辑问题，存在不一致性。

接下来通过一个案例让 AI 协助我们完成层次分析。

某互联网医美平台需要计算 R、F、M 三个指标的权重，以搭建更符合医美业务的 RFM 模型。表 4.5 是"判断矩阵"。

表 4.5　判断矩阵

判断矩阵	时间R	频率F	金额M
时间R	—	—	—
频率 F	—	—	—
金额M	—	—	—

第一步：将原始数据发送给 AI。

运营输入：请将其以表格形式进行呈现。

AI 输出：
以下是您需要的判断矩阵表格。

判断矩阵	时间R	频率F	金额M
时间R	—	—	—
频率F	—	—	—
金额M	—	—	—

您需要填写每个单元格中相应因素的相对重要性，用数字表示它们之间的比较。

第二步：设置比例尺。

运营输入： 比例尺为1：3。

AI输出：

您希望使用1：3的比例尺来表示相对重要性。根据您的要求，我们可以对判断矩阵表格作如下调整。

判断矩阵	时间R	频率F	金额M
时间R	1	—	—
频率F	—	1	—
金额M	—	—	1

在这个表格中，您可以使用1、2、3来表示不同因素的相对重要性。其中，1代表同等重要，2代表一项因素比另一项稍重要，3代表一项因素比另一项明显重要。填写完之后，您就可以进行层次分析计算来得出每个因素的权重了。

第三步：设置各个因素的比值。

运营输入： 请填写时间R的行数据。其中时间R的重要程度是频率F的2倍，是金额M的1/2。

AI输出：

好的，让我来根据您提供的信息进行计算。

如果时间R的重要程度是频率F的2倍，那么时间R和频率F的权重比为2：1。

如果时间R的重要程度是金额M的1/2，那么时间R和金额M的权重比为1：2。

因此，时间 R 的行数据应该按照以下方式进行填写。

判断矩阵	时间R	频率F	金额M
时间R	1	2	1/2

这个矩阵表示时间 R 相对于频率 F 的重要程度是 2，时间 R 相对于金额 M 的重要程度是 1/2。

运营输入：请填写频率 F 的行数据。其中频率 F 的重要程度是时间 R 的 1/2，是金额 M 的 1/3。

AI 输出：

好的，让我来根据您提供的信息进行计算。

如果频率 F 的重要程度是时间 R 的 1/2，那么时间 R 和频率 F 的权重比为 2∶1。

如果频率 F 的重要程度是金额 M 的 1/3，那么频率 F 和金额 M 的权重比为 3∶1。

因此，频率 F 的行数据应该按照以下方式进行填写。

判断矩阵	时间R	频率F	金额M
频率F	1/2	1	1/3

这个矩阵表示频率 F 相对于时间 R 的重要程度是 1/2，频率 F 相对于金额 M 的重要程度是 1/3。

运营输入：请填写金额 M 的行数据。其中金额 M 的重要程度是时间 R 的 2 倍，金额 M 的重要程度是频率 F 的 3 倍。

AI 输出：

好的，让我来根据您提供的信息进行计算。

如果金额 M 的重要程度是时间 R 的 2 倍，那么金额 M 和时间 R 的权重比为 2∶1。

如果金额 M 的重要程度是频率 F 的 3 倍，那么金额 M 和频率 F 的权重比为 3∶1。

因此，金额 M 的行数据应该按照以下方式进行填写。

判断矩阵	时间R	频率F	金额M
金额M	2	3	1

这个矩阵表示金额 M 相对于时间 R 的重要程度是 2，金额 M 相对于频率 F 的重要程度是 3。

运营输入：请展示包含所有数据的表格。

AI 输出：

根据您提供的数据和信息，以下是包含所有数据的表格。

判断矩阵	时间R	频率F	金额M
时间R	1	2	1/2
频率F	1/2	1	1/3
金额M	2	3	1

请注意，该表格是一个 3×3 的判断矩阵，用于比较时间 R、频率 F 和金额 M 三个因素之间的两两重要程度。

第四步：计算行乘积。

运营输入：新增一列"行乘积"，计算每一行的乘积。

AI 输出：

好的，让我来计算每一行的乘积并将其添加到表格中。

判断矩阵	时间R	频率F	金额M	行乘积
时间R	1	2	1/2	1
频率F	1/2	1	1/3	0.16667
金额M	2	3	1	6

现在表格中新增了一列"行乘积"，显示了每行对应元素的乘积结果。

第五步：计算开 n 次方。

在本案例中，有 R、F、M 三个因素，因此这里要计算行乘积开 3 次方。

> **运营输入**：新增一列"开 n 次方",计算公式 = 行乘积开 3 次方,保留 4 位小数。

AI 输出：

好的,让我来计算每一行的乘积并开 3 次方。

判断矩阵	时间R	频率F	金额M	行乘积	开n次方
时间R	1	2	1/2	1	1.0000
频率F	1/2	1	1/3	0.16667	0.5503
金额M	2	3	1	6	1.8171

现在表格中新增了一列"开 n 次方",其计算方法是将"行乘积"的值开 3 次方。

第六步:计算开 n 次方之和。

> **运营输入**:将"开 n 次方"列的值进行相加,保留 4 位小数。

AI 输出:

好的,让我来计算开 n 次方之和。
具体计算过程如下。
第一行的"开 n 次方"的值为 1.0000。
第二行的"开 n 次方"的值为 0.5503。
第三行的"开 n 次方"的值为 1.8171。
将它们相加得到总和。
1.0000+0.5503+1.8171=3.3674
因此,"开 n 次方"列的值之和为 3.3674。

第七步:计算归一化权重 wi。

> **运营输入**:新增一列"归一化权重 wi",计算公式 = 开 n 次方 / 开 n 次方列的值之和,保留 4 位小数。

AI 输出:

好的,让我来为您新增一列"归一化权重 wI",并按照您提供的计算公式进行计算。

判断矩阵	时间R	频率F	金额M	行乘积	开n次方	归一化权重wi
时间R	1	2	1/2	1	1.0000	0.2970
频率F	1/2	1	1/3	0.16667	0.5503	0.1634
金额M	2	3	1	6	1.8171	0.5396

现在表格中新增了一列"归一化权重wi",其计算公式是将每行的开n次方除以开n次方列的值之和3.3674。

第八步：计算权重Awi。

运营输入：新增一列"Awi",计算公式=（时间R×时间R归一化权重wi）+（频率F×频率F归一化权重wi）+（金额M×金额M归一化权重wi）。列出计算过程,保留4位小数。

AI 输出：

好的,让我来为您新增一列"Awi",并按照您提供的计算公式进行计算。

判断矩阵	...	行乘积	开n次方	归一化权重wi	Awi
时间R	...	1	1.0000	0.2970	0.8936
频率F	...	0.16667	0.5503	0.1634	0.4918
金额M	...	6	1.8171	0.5396	1.6238

以下是计算"Awi"列的详细过程。

时间R的加权平均计算。

加权平均=（时间R×时间R归一化权重wi）+（频率F×频率F归一化wi权重）+（金额M×金额M归一化wi权重）

=（1×0.2970）+（2×0.1634）+（1/2×0.5396）=0.8936

频率F的加权平均计算。

加权平均=（时间R×时间R归一化权重wi）+（频率F×频率F归一化权重wi）+（金额M×金额M归一化权重wi）

=（1/2×0.2970）+（1×0.1634）+（1/3×0.5396）=0.4918

金额M的加权平均计算。

加权平均=（时间R×时间R归一化权重wi）+（频率F×频率F归一化权重wi）+（金额M×金额M归一化权重wi）

=（2×0.2970）+（3×0.1634）+（1×0.5396）=1.6238

列出计算过程后,得到了每一行的Awi值,结果保留4位小数。

第九步：计算权重 Awi/wi。

> **运营输入：** 新增一列"Awi/wi"，计算公式 =Awi/ 归一化权重 wi，保留 4 位小数。

AI 输出：

我将根据您提供的计算公式，新增一列"Awi/wi"，并进行计算，结果将保留 4 位小数。

判断矩阵	...	行乘积	开n次方	归一化权重wi	Awi	Awi/wi
时间R	...	1	1.0000	0.2970	0.8936	3.0088
频率F	...	0.16667	0.5503	0.1634	0.4918	3.0098
金额M	...	6	1.8171	0.5396	1.6238	3.0093

第十步：计算 CI 值。

> **运营输入：** 计算 CI，CI=（Awi/wi - 3）/（3-1）。

AI 输出：

根据表中的数据，时间 R 的 Awi/wi 值为 3.0088，将其代入公式得到 CI 的计算结果。

CI=（3.0088 - 3）/（3-1）=0.0044

因为 CI 值接近 0，说明判断矩阵的一致性较好。如果您需要进一步解释或有其他问题，请随时告诉我。

第十一步：计算 CR 值。

AI 已经完成了 R、F、M 三个指标的权重计算，现在还需要对计算结果进行一致化检验，可以通过平均随机一致性指标 RI 标准值表进行对应的计算。如果 CR 值 <0.1，则通过检验；反之则需要检查和调整判断矩阵。

> **运营输入：** 列出平均随机一致性指标 RI 标准值表，并找出维度 3 对应的 RI 标准值。

AI 输出：

以下是常见的判断矩阵维度对应的平均随机一致性指标 RI 标准值表。

维度 (n)	RI标准值
1	0
2	0
3	0.58
4	0.9
5	1.12
6	1.24
7	1.32
8	1.41
9	1.45
10	1.49

根据表格，当判断矩阵的维度为 3 时，平均随机一致性指标的 RI 标准值为 0.58。因此，如果计算得到的一致性比例高于 0.58，则说明判断矩阵的一致性较好；反之，则可能存在一定程度的不一致性。

运营输入： 计算 CR，CR=CI/0.58。

AI 输出：

根据您提供的公式 CR=CI/0.58，将其代入公式得到 CI 的计算结果。
CR=0.0044/0.58=0.0076

因此，根据您提供的数据，一致性比例 CR 约为 0.0076。这意味着您的判断矩阵具有很高的一致性，可以认为您所提供的数据在一致性上是可靠的。

4.3.5 熵值分配法：客观决策权重计算方法

熵值法是一种用于计算指标权重的算法，它基于指标值的差异性来确定权重。在熵值法中，我们首先将指标值进行归一化处理，然后计算每个指标值所占的比例，接着根据这些比例计算每个指标的信息熵，最后使用信息熵来确定每个指标的权重。简言之，熵值法通过分析指标值的多样性来确定它们在决策中的重要程度。

熵值法和层次分析法的区别在于，层次分析法基于专家的经验和偏好，并使用一系列配对比较矩阵来计算权重；而熵值法则是一种基于客观数据的方法,它通过分析指标值之间的差异和变异性来计算权重。熵值法将指标值转化为概率分布,进而计算每个指标的信息熵,最后将信息熵转化为权重。

这两种方法在权重计算上有不同的理论基础和适用场景。层次分析法更适用于需要主观判断和考虑决策者偏好的情况,而熵值法更适用于基于客观数据和变异性的决策问题。

接下来通过一个案例让 AI 协助我们完成熵值法计算。

某内容平台希望对用户发布的优质内容进行流量推荐,首先需要识别内容是否优质以及优质的程度。为此运营人员设计了一个内容质量公式,分值越高,则内容越优质;反之,则内容质量有待提高,公式如下。

内容质量得分 = 点赞数 × 权重 + 收藏数 × 权重 + 评论数 × 权重 + 转发数 × 权重

可以看到公式涉及了四个指标:点赞数、收藏数、评论数、转发数。运营人员希望运用熵值法来客观计算这些指标的权重,以避免主观因素带来的偏差。

表 4.6 是原始数据表格。

表 4.6 原始数据

内容	点赞数	收藏数	评论数	转发数
内容1	250	105	12	5
内容2	200	136	8	3
内容3	250	174	16	5
内容4	270	180	8	4
内容5	125	86	16	2
合计	1095	681	60	19

第一步:将原始数据发送给 AI。

运营输入:请将其以表格形式进行呈现。

AI 输出:

以下是活动参与数据的表格呈现形式。

内容	点赞数	收藏数	评论数	转发数
内容1	250	105	12	5
内容2	200	136	8	3
内容3	250	174	16	5
内容4	270	180	8	4
内容5	125	86	16	2
总和	1095	681	60	19

第二步：计算相对比例（R矩阵）。

运营输入：新建一张"R矩阵"表格。计算每个数值的相对比例，计算公式＝数值/列总和。

AI 输出：

以下是新建的"R矩阵"表格。将每一列中每个数值除以该列的总和，即可得到每个数值的相对比例。

内容	点赞数(R)	收藏数(R)	评论数(R)	转发数(R)
内容1	0.22831	0.15419	0.20000	0.26316
内容2	0.18265	0.19971	0.13333	0.15789
内容3	0.22831	0.25551	0.26667	0.26316
内容4	0.24658	0.26432	0.13333	0.21053
内容5	0.11416	0.12628	0.26667	0.10526

第三步：计算自然对数（对数矩阵）。

运营输入：新建一张"对数矩阵"表格，计算"R矩阵"中每个数值的自然对数，计算公式＝ln（数值）。

AI 输出：

以下是新建的"对数矩阵"表格，并计算"对数矩阵"中每个值的自然对数。

内容	点赞数(ln)	收藏数(ln)	评论数(ln)	转发数(ln)
内容1	-1.47705	-1.86960	-1.60944	-1.33500
内容2	-1.70019	-1.61091	-2.01490	-1.84583
内容3	-1.47705	-1.36451	-1.32176	-1.33500
内容4	-1.40009	-1.33061	-2.01490	-1.55814
内容5	-2.17020	-2.06922	-1.32176	-2.25129

在这个表格中，每个值都经过了自然对数（ln）的计算。

第四步：计算 R 矩阵 × 对数矩阵（G 矩阵）。

> **运营输入**：新建一张"G 矩阵"表格，将"R 矩阵"和"对数矩阵"的值相乘，计算公式＝"R 矩阵"数值×"对数矩阵"数值。

AI 输出：

以下是新建的"G 矩阵"表格。

内容	点赞数(G)	收藏数(G)	评论数(G)	转发数(G)
内容1	-0.33723	-0.28826	-0.32189	-0.35132
内容2	-0.31054	-0.32171	-0.26865	-0.29145
内容3	-0.33723	-0.34864	-0.35247	-0.35132
内容4	-0.34523	-0.35170	-0.26865	-0.32803
内容5	-0.24774	-0.26131	-0.35247	-0.23698

这些值是通过将 R 矩阵和对数矩阵中对应的值相乘得到的。

第五步：计算列总和值（G 矩阵）。

> **运营输入**：新增一行"总和"，计算列总和值，计算公式＝对每一列的数值进行求和。

AI 输出：

新增一行"总和"，并对每一列的数值进行求和，得到以下结果。

内容	点赞数(G)	收藏数(G)	评论数(G)	转发数(G)
内容1	-0.33723	-0.28826	-0 32189	-0.35132
内容2	-0.31054	-0.32171	-0.26865	-0.29145
内容3	-0.33723	-0.34864	-0.35247	-0.35132
内容4	-0.34523	-0.35170	-0.26865	-0.32803
内容5	-0.24774	-0.26131	-0.35247	-0.23698
总和	-1.57796	-1.57163	-1.56413	-1.55909

第六步：计算 H 值。

自然对数的底为什么是 5 呢？因为总共有 5 条内容数据，如果是 50 条内容数据，就是 50，以此类推。

> **运营输入**：计算 H 值，计算公式 =1/ln（5）。

AI 输出：
H 值的计算公式是用 1 除以自然对数 5。自然对数 5 的值约为 1.60944，因此 H 值的计算方法如下。
H=1/ln（5）=1/1.60944=0.62133
H 值约为 0.62133。

第七步：计算 E 值（期望值）。

运营输入： 新建一张表格，列标题不变，行标题为"E"。计算 E 值，计算公式 = – 1×H 值 ×"G 矩阵"的列总和值，列出计算过程。

AI 输出：
新建一张表格，行标题为 E，列标题不变，仍然为点赞数（G）、收藏数（G）、评论数（G）、转发数（G），并计算 E 值。E 值的计算公式是 –1 乘以 H 值乘以 G 矩阵的列总和值。

-	点赞数(G)	收藏数(G)	评论数(G)	转发数(G)
E	0.98043	0.97650	0.97184	0.96871

具体计算过程如下。
E=–1×H× 列总和值
使用之前提到的 G 矩阵的列总和值。
点赞数（G）：–1.57796
收藏数（G）：–1.57163
评论数（G）：–1.56413
转发数（G）：–1.55909
H 值：0.62133
进行 E 值的计算。
E 点赞数 =–1×0.62133×（–1.57796）=0.98043
E 收藏数 =–1×0.62133×（–1.57163）=0.97650
E 评论数 =–1×0.62133×（–1.56413）=0.97184
E 转发数 =–1×0.62133×（–1.55909）=0.96871

第八步：计算 1–E（期望值）。

> **运营输入**：新增一行"1-E"，计算公式 =1-E，列出计算过程。

> **AI 输出**：
>
> 新增一行"1-E"，计算公式是将 E 值取补数，即 1-E。
>
> | - | 点赞数(G) | 收藏数(G) | 评论数(G) | 转发数(G) |
> | --- | --- | --- | --- | --- |
> | E | 0.98043 | 0.97650 | 0.97184 | 0.96871 |
> | 1-E | 0.01957 | 0.02350 | 0.02816 | 0.03129 |
>
> 具体计算过程如下。
>
> 1-E 点赞数 =1-0.98043=0.01957
>
> 1-E 收藏数 =1-0.97650=0.02350
>
> 1-E 评论数 =1-0.97184=0.02816
>
> 1-E 转发数 =1-0.96871=0.03129

第九步：计算 1-E 的总和值。

> **运营输入**：计算总和值（1-E），对 1-E 的值进行求和。

> **AI 输出**：
>
> 计算 1-E 的总和值，对相应的值进行求和，得到如下结果。
>
> 总和值（1-E）=0.01957+0.02350+0.02816+0.03129
>
> 总和值（1-E）=0.10252
>
> 因此 1-E 的总和值约为 0.10252。

第十步：计算权重 W。

> **运营输入**：新增一行"W"，计算公式 = "1-E"的值 /1-E 的总和值。

> **AI 输出**：
>
> 新增一行"W"，计算公式是将每个"1-E"的值除以"1-E"的总和值。
>
> | - | 点赞数(G) | 收藏数(G) | 评论数(G) | 转发数(G) |
> | --- | --- | --- | --- | --- |
> | E | 0.98043 | 0.97650 | 0.97184 | 0.96871 |
> | 1-E | 0.01957 | 0.02350 | 0.02816 | 0.03129 |
> | W | 0.19089 | 0.22922 | 0.27468 | 0.30521 |
>
> 具体计算过程如下。
>
> W 点赞数 =0.01957/0.10252=0.19089

W 收藏数 =0.02350/0.10252=0.22922

W 评论数 =0.02816/0.10252=0.27468

W 转发数 =0.03129/0.10252=0.30521

AI 使用熵值法计算出了不同指标的权重。其中，点赞数的权重为 0.19089，收藏数的权重为 0.22922，评论数的权重为 0.27468，转发数的权重为 0.30521。我们可以根据权重计算结果，完善内容质量公式，从而筛选出优质内容进行推荐。

4.3.6 卡方检验法：揭示数据之间的独立性

卡方检验是一种用于比较分类数据之间差异性的统计分析方法。它通过衡量实际观测值与理论推断值的偏离程度来评估两者之间的差异。当卡方值越大时，表示两者之间的偏差程度越大，两者可能存在关联；反之，当卡方值较小时，表示两者之间的偏差程度较小；当实际观测值与理论推断值完全相等时，卡方值为 0，意味着理论值完全符合观测值，即两者之间不存在显著关联，它们之间是独立的。

当我们想知道两个或多个分类变量之间有没有关联的时候，就可以使用卡方检验。比如，分析男性和女性对某个产品的偏好是否具有差异性、不同广告渠道对于用户的购买决策是否存在显著影响等，都可以使用卡方检验进行分析。

简单来说，卡方检验可以分为以下五个步骤，如图 4.14 所示。

图 4.14 卡方检验步骤

接下来通过一个案例让 AI 协助我们完成卡方检验分析。

某休闲游戏平台发起了一个活动,从数据上来看,男性用户的活动参与率高于女性用户,但由于用户数量的不同,因此不能贸然下结论认为男性用户的参与率更高。平台希望使用卡方检验来分析男性用户和女性用户在活动参与上是否具有统计学意义上的差别。

表 4.7 是活动参与数据。

表 4.7 活动参与数据

用户性别	参加活动	未参加活动	总和	活动参与率
男	51	116	167	30.54%
女	28	165	193	14.51%
总和	79	281	360	21.94%

第一步:将原始数据发送给 AI。

运营输入: 请将数据以表格形式进行呈现。

AI 输出:

以下是活动参与数据的表格呈现形式。

用户性别	参加活动	未参加活动	总和	活动参与率
男	51	116	167	30.54%
女	28	165	193	14.51%
总和	79	281	360	21.94%

第二步:计算单元格的理论推断值。

运营输入: 新建一张表格,计算"参加活动"和"未参加活动"的理论推断值,计算公式 =(行总和 × 列总和)/ 总和。

AI 输出:

以下是新建的表格,表格呈现了每个单元格的理论推断值,结果保留 2 位小数。

用户性别	参加活动(理论推断值)	未参加活动(理论推断值)
男	(167×79)/360=36.65	(167×281)/360=130.35
女	(193×79)/360=42.35	(193×281)/360=150.65

第三步：计算单元格的卡方值。

> 运营输入：新建一张表格，计算"参加活动"和"未参加活动"的卡方值，计算公式＝（实际观测值-理论推断值）^2/ 理论推断值。

> AI 输出：
> 以下是新建的表格，表格呈现了每个单元格的卡方值，结果保留 2 位小数。
>
> | 用户性别 | 参加活动（卡方值） | 未参加活动（卡方值） |
> | --- | --- | --- |
> | 男 | $(51-36.65)^2/36.65=5.62$ | $(116-130.35)^2/130.35=1.58$ |
> | 女 | $(28-42.35)^2/42.35=4.86$ | $(165-150.65)^2/150.65=1.37$ |

第四步：计算卡方统计量。

> 运营输入：计算卡方统计量，计算方法为将卡方值相加。

> AI 输出：
> 好的，让我来计算卡方统计量。
> 5.62+1.58+4.86+1.37=13.43
> 因此，卡方统计量为 13.43。

第五步：计算自由度。

> 运营输入：计算自由度，计算公式＝（行数-1）×（列数-1）。

> AI 输出：
> 通过计算公式（行数-1）×（列数-1），得出自由度。
> （2-1）×（2-1）=1。
> 因此，自由度为 1。

第六步：计算 P 值。

> 运营输入：计算 P 值。

> **AI 输出:**
> 根据您提供的信息,卡方统计量为 13.43,自由度为 1。经过计算,P 值约为 0.000247。
> 由于 P 值显著低于通常选择的显著性水平(0.05),因此可以否定原假设,并据此推断这两个变量之间不是独立的,它们存在相关性。

AI 已经完成了卡方检验分析,我们可以得出结论:性别与活动参与率之间存在一定的相关性,这说明活动确实更受男性用户欢迎。

虽然这个结论也可以通过其他简便的方式计算出来,但卡方检验可以给出更加可靠的统计学证据来支持我们的结论。在更复杂的业务场景中,卡方检验可以用来检验两个或多个变量之间是否存在相关性,帮助我们更好地理解数据,从而做出合理的决策。

4.3.7 朴素贝叶斯:基于特征进行概率预测

朴素贝叶斯是一种机器学习分类算法。我们只需要收集相关的独立特征,并计算出这些特征在不同分类下的条件概率,就可以进行分类预测。同时,由于朴素贝叶斯默认各个特征之间是相互独立的,从而使计算过程得以简化。这里需要注意,独立特征是指特征之间不存在相互影响的关系,我们可以通过之前学习的卡方检验,来对特征的独立性进行评估。

朴素贝叶斯是由先验概率和后验概率共同构成的分类算法。比如,我们通过观察和分析过去的用户数据,计算出了用户在某些条件下的流失概率,这个叫作先验概率;但用户的数量和行为会根据运营策略的调整而改变,这会影响我们之前计算好的先验概率,所以这个时候需要结合新用户数据对流失概率进行更新,这个就叫作后验概率。

接下来通过一个案例让 AI 协助我们完成朴素贝叶斯的分类预测。

某互联网车辆出行平台想要优化日常拥堵时的车辆派单策略,已知有 4 个影响堵车的因素(独立特征)。

天气状况：晴天、阴天、雨天。

工作日：是（周一至周五）、否（周六和周日）。

高峰期：是（7：00—9：00 和 17：00—19：00）、否（其他时间）。

红绿灯：程度 1（1～3 个红绿灯）、程度 2（4～6 个红绿灯）、程度 3（7～9 个红绿灯）。

现在，平台希望使用朴素贝叶斯预测联合条件晴天、工作日、高峰期、红绿灯程度 2 的堵车概率。

表 4.8 是原始数据。

表 4.8 原始数据

用户ID	天气状况	是否工作日	是否高峰期	红绿灯程度	是否堵车
1	晴天	否	否	2	否
2	阴天	是	否	3	是
3	雨天	否	是	2	是
4	晴天	是	是	3	是
5	雨天	是	否	1	否

第一步：将原始数据发送给 AI。

运营输入：请将数据以表格形式进行呈现。

AI 输出：

以下是活动参与数据的表格呈现形式。

用户ID	天气状况	是否工作日	是否高峰期	红绿灯程度	是否堵车
1	晴天	否	否	2	否
2	阴天	是	否	3	是
3	雨天	否	是	2	是
4	晴天	是	是	3	是
5	雨天	是	否	1	否

第二步：计算总体数据。

运营输入：计算总人数，用户数量；
计算堵车总人数，堵车的用户数量；
计算总体堵车率，计算公式 = 堵车总人数 / 总人数。

AI 输出：
根据提供的数据，我们可以进行如下计算。
总人数（用户数量）：5 人。
堵车总人数（"是否堵车"列中被标记为"是"的用户数量）：3 人
总体堵车率：堵车总人数 / 总人数 =3/5=0.6，即 60%
因此，总人数为 5 人，堵车总人数为 3 人，总体堵车率为 60%。

第三步：计算晴天的堵车概率。

运营输入： 计算晴天的人数。
计算晴天且堵车的人数。
计算晴天的人数占总人数的比例，计算公式＝晴天的人数 / 总人数。
计算晴天且堵车的人数占堵车总人数的比例，计算公式＝晴天且堵车的人数 / 堵车总人数。
计算晴天的堵车概率，计算公式＝（总体堵车率 × 晴天且堵车的人数占堵车总人数的比例）/ 晴天的人数占总人数的比例。
列出计算过程，计算结果以表格形式呈现。

AI 输出：
以下是计算晴天的堵车概率的过程以及结果的表格呈现形式。
总人数（用户数量）：5 人。
堵车总人数（"是否堵车"列中被标记为"是"的用户数量）：3 人。
晴天的人数：2 人（用户 1 和用户 4）。
晴天且堵车的人数：1 人（用户 4）。
晴天的人数占总人数的比例：2/5=0.4，即 40%。
晴天且堵车的人数占堵车总人数的比例：1/3=0.3333，即 33.33%。
晴天的堵车概率：（总体堵车率 × 晴天且堵车的人数占堵车总人数的比例）/ 晴天的人数占总人数的比例 =（0.6×0.3333）/0.4=0.5，即 50%。

晴天相关指标计算项	数值
晴天的人数	2人
晴天且堵车的人数	1人
晴天的人数占总人数的比例	40%
晴天且堵车的人数占堵车总人数的比例	33.33%
晴天的堵车概率	50%

第四步：计算工作日的堵车概率。

运营输入：计算工作日的人数。

计算工作日且堵车的人数。

计算工作日的人数占总人数的比例，计算公式＝工作日的人数／总人数。

计算工作日且堵车的人数占堵车总人数的比例，计算公式＝工作日且堵车的人数／堵车总人数。

计算工作日的堵车概率，计算公式＝（总体堵车率×工作日且堵车的人数占堵车总人数的比例）／工作日的人数占总人数的比例。

列出计算过程，计算结果以表格形式呈现。

AI 输出：

以下是计算工作日的堵车概率的过程以及结果的表格呈现形式。

总人数（用户数量）：5人。

堵车总人数（"是否堵车"列中被标记为"是"的用户数量）：3人。

工作日的人数：3人（用户2、用户4、用户5）。

工作日且堵车的人数：2人（用户2和用户4）。

工作日的人数占总人数的比例：3/5＝0.6，即60%。

工作日且堵车的人数占堵车总人数的比例：2/3＝0.6667，即66.67%

工作日的堵车概率：（总体堵车率×工作日且堵车的人数占堵车总人数的比例）／工作日的人数占总人数的比例＝（0.6×0.6667）/0.6＝0.6667，即66.67%

工作日相关指标计算项	数值
工作日的人数	3人
工作日且堵车的人数	2人
工作日的人数占总人数的比例	60%
工作日且堵车的人数占堵车总人数的比例	66.67%
工作日的堵车概率	67%

第五步：计算高峰期的堵车概率。

> **运营输入：** 计算高峰期的人数。
> 计算高峰期且堵车的人数。
> 计算高峰期的人数占总人数的比例，计算公式＝高峰期的人数／总人数。
> 计算高峰期且堵车的人数占堵车总人数的比例，计算公式＝高峰期且堵车的人数／堵车总人数。
> 计算高峰期的堵车概率，计算公式＝（总体堵车率×高峰期且堵车的人数占堵车总人数的比例）／高峰期的人数占总人数的比例。
> 列出计算过程，计算结果以表格形式呈现。

AI 输出：

以下是计算高峰期的堵车概率的过程以及结果的表格呈现形式。

总人数（用户数量）：5人。

堵车总人数（"是否堵车"列中被标记为"是"的用户数量）：3人。

高峰期的人数：2人（用户3和用户4）。

高峰期且堵车的人数：2人（用户3和用户4）。

高峰期的人数占总人数的比例：2/5=0.4，即40%。

高峰期且堵车的人数占堵车总人数的比例：2/3=0.6667，即66.67%。

高峰期的堵车概率：（总体堵车率×高峰期且堵车的人数占堵车总人数的比例）／高峰期的人数占总人数的比例＝（0.6×0.6667）/0.4＝1，即100%。

高峰期相关指标计算项	数值
高峰期的人数	2人
高峰期且堵车的人数	2人
高峰期的人数占总人数的比例	40%
高峰期且堵车的人数占堵车总人数的比例	66.67%
高峰期的堵车概率	100%

第六步：计算红绿灯程度2的堵车概率。

运营输入：计算红绿灯程度 2 的人数。

计算红绿灯程度 2 且堵车的人数。

计算红绿灯程度 2 的人数占总人数的比例，计算公式 = 红绿灯程度 2 的人数 / 总人数。

计算红绿灯程度 2 且堵车的人数占堵车总人数的比例，计算公式 = 红绿灯程度 2 且堵车的人数 / 堵车总人数。

计算红绿灯程度 2 的堵车概率，计算公式 =（总体堵车率 × 红绿灯程度 2 且堵车的人数占堵车总人数的比例）/ 红绿灯程度 2 的人数占总人数的比例。

列出计算过程，计算结果以表格形式进行呈现。

AI 输出：

以下是计算红绿灯程度 2 相关指标的过程，结果以表格形式呈现。

总人数（用户数量）：5 人。

堵车总人数（"是否堵车"列中被标记为"是"的用户数量）：3 人。

红绿灯程度 2 的人数：2 人（用户 1 和用户 3）。

红绿灯程度 2 且堵车的人数：1 人（用户 3）。

红绿灯程度 2 的人数占总人数的比例：2/5=0.4，即 40%。

红绿灯程度 2 且堵车的人数占堵车总人数的比例：1/3=0.3333，即 33.33%。

红绿灯程度 2 的堵车概率：（总体堵车率 × 红绿灯程度 2 且堵车的人数占堵车总人数的比例）/ 红绿灯程度 2 的人数占总人数的比例 =（0.6×0.3333）/0.4=0.5，即 50%。

红绿灯程度2相关指标计算项	数值
红绿灯程度2的人数	2人
红绿灯程度2且堵车的人数	1人
红绿灯程度2的人数占总人数的比例	40%
红绿灯程度2且堵车的人数占堵车总人数的比例	33.33%
红绿灯程度2的堵车概率	50%

第七步：计算晴天、工作日、高峰期、红绿灯程度 2 的堵车概率。

根据朴素贝叶斯的独立性假设，我们可以将各个条件的概率相乘来计算联合概率。

> **运营输入：** 计算联合条件晴天、工作日、高峰期、红绿灯程度 2 的堵车概率。
> 计算公式 = 晴天的堵车概率 × 工作日的堵车概率 × 高峰期的堵车概率 × 红绿灯程度 2 的堵车概率。

AI 输出：

计算联合条件下的堵车概率，我们可以将每个条件下的堵车概率相乘。计算过程如下。

晴天的堵车概率：0.5。

工作日的堵车概率：0.6667。

高峰期的堵车概率：1。

红绿灯程度 2 的堵车概率：0.5。

联合条件晴天、工作日、高峰期、红绿灯程度 2 的堵车概率：晴天的堵车概率 × 工作日的堵车概率 × 高峰期的堵车概率 × 红绿灯程度 2 的堵车概率 =0.5×0.6667×1×0.5=0.1667。

所以，晴天、工作日、高峰期、红绿灯程度 2 的堵车概率为 16.67%。

以上是朴素贝叶斯算法的应用示例，运营人员可以根据业务需求创建分类模型或预测模型。以预测用户流失为例，当某些特征的用户具有流失风险时，运营人员可以及时进行策略介入，而不是等用户流失了才去召回。

4.3.8 K 均值聚类：科学化的数据聚类算法

K 均值聚类算法是一种基于距离的聚类算法。它把一堆数值按照它们之间的距离分成几组，每一组都有一个中心点，每个数值都会找离自己最近的那个中心点，从而被归到那一组去。这样就可以把数值分成不同的群组了。

在运营工作中，大多数运营人员是用均值法来划分 RFM 模型中 R、F、M 的高低阈值，但均值法只适合单峰正态分布的数据，如果数据呈多峰分布，均值法就会造成比较大的偏差。而 K 均值聚类算法不受数据分布的影响，它可以科学地将数据归类到不同的群组。

此外,当没有明确的业务或经验参考时,就可以使用 K 均值聚类算法,对数据进行科学分类。

接下来通过一个案例让 AI 协助我们完成 K 均值聚类算法分析。

某互联网电商平台希望将用户的购买频次数据划分为"高""中""低"三个类别。虽然之前也进行过分类,但都是基于相关人员的主观经验。因此,平台希望从统计学角度对数据进行科学分类,以真实反映用户购买频次的差异,原始数据如表 4.9 所示。

表 4.9 原始数据

用户ID	购买频次
用户1	14
用户2	22
用户3	15
用户4	20
用户5	30
用户6	18
用户7	32

从表中可以看出,共有 7 个用户,每个用户的购买频次都不一样。现在,运营人员希望使用 K 均值聚类算法将购买频次划分为"高""中""低"三个类别。

第一步:将原始数据发送给 AI。

> **运营输入:** 请将数据以表格形式进行呈现。

> **AI 输出:**
> 以下是原始数据的表格呈现形式。
>
> | 用户ID | 购买频次 |
> | --- | --- |
> | 用户1 | 14 |
> | 用户2 | 22 |
> | 用户3 | 15 |
> | 用户4 | 20 |
> | 用户5 | 30 |
> | 用户6 | 18 |
> | 用户7 | 32 |

第二步:随机选取聚类中心点。

首先,从购买频次的数据中随机选择 3 个数据点(因为要将数据划分为"高""中""低"三个类型,所以选择 3 个数据点),比如,把

14、15、18 作为初始聚类中心点。然后,K 均值聚类算法会将所有数据点分配到距离它们最近的初始聚类中心点所对应的簇中,最后根据这些新分配的簇重新计算聚类中心点,并重复这个步骤,直到簇的分配满足停止条件为止。

我们建立一个新的表格来进行聚类分析。其中,A、B、C 对应初始聚类中心点 14、15、18,最小距离是指 A、B、C 这 3 个数值中的最小值,类型是指最小距离是 A、B、C 中的哪一个。

> **运营输入**:新建一个表格,保留列"用户 ID"和"购买频次",新增列"A""B""C""最小距离""类型"。

AI 输出:

以下是新建的表格,其中新增了"A""B""C""最小距离""类型"列。

用户ID	购买频次	A	B	C	最小距离	类型
用户1	14	—	—	—	—	—
用户2	22	—	—	—	—	—
用户3	15	—	—	—	—	—
用户4	20	—	—	—	—	—
用户5	30	—	—	—	—	—
用户6	18	—	—	—	—	—
用户7	32	—	—	—	—	—

请注意,"A""B""C"列需要根据具体情况进行填充,这些列可能是用户的其他属性或特征。"最小距离"和"类型"列是通过某种算法计算得到的结果。在填充这些列时,可能需要进行进一步的数据处理和分析。

第三步:计算 A、B、C 列的数值。

根据不同的初始聚类中心点,分别计算 A、B、C 列的数值。

> **运营输入**:请根据以下要求进行计算。
> 初始聚类中心点 A=14,初始聚类中心点 B=15,初始聚类中心点 C=18。
> 计算并填充 A 列的值,计算公式 =((购买频次-初始聚类中心点 A)^2)^(1/2)。
> 计算并填充 B 列的值,计算公式 =((购买频次-初始聚类中心点 B)^2)^(1/2)。

计算并填充 C 列的值,计算公式 =((购买频次-初始聚类中心点 C)^2)^(1/2)。

列出 A、B、C 每一列的计算公式。

计算并填充最小距离的值,计算公式 =A、B、C 列中的最小值。

计算并填充类型的值,计算公式 = 对应最小距离的列名称。

AI 输出:

根据您提供的计算公式,这里实际上是求购买频次与初始聚类中心点之间的欧几里得距离,由于平方和开平方都不会产生负数,所以绝对值运算可以省略。以下是根据您的要求进行计算并填充表格的过程。

列出 A、B、C 每一列的计算公式。

A=((购买频次-14)^2)^(1/2)

B=((购买频次-15)^2)^(1/2)

C=((购买频次-18)^2)^(1/2)

计算并填充最小距离的值。

最小距离 =MIN(A,B,C)

计算并填充类型的值。

类型 = 对应最小距离的列名称

以下是填充后的表格。

用户ID	购买频次	A	B	C	最小距离	类型
用户1	14	0	1	4	0	A
用户2	22	8	7	4	4	C
用户3	15	1	0	3	0	B
用户4	20	6	5	2	2	C
用户5	30	16	15	12	12	C
用户6	18	4	3	0	0	C
用户7	32	18	17	14	14	C

第四步:更新初始聚类中心点。

通过计算,可见类型 A 包含用户 1,类型 B 包含用户 3,类型 C 包含用户 2、用户 4、用户 5、用户 6、用户 7。所以这个时候需要对初始聚类中心点进行修正,通过用不同类型的数据总和除以数据量,得到不同类型的新的聚类中心点。

> **运营输入：** 请根据以下要求更新初始聚类中心点。
> 聚类中心点 A= 类型 A 的购买频次之和 / 类型 A 的数据个数。
> 聚类中心点 B= 类型 B 的购买频次之和 / 类型 B 的数据个数。
> 聚类中心点 C= 类型 C 的购买频次之和 / 类型 C 的数据个数。

AI 输出：

以下是我根据您提供的计算公式，计算出的新的聚类中心点。

类型 A 的数据包含用户 1

聚类中心点 A=14/1=14

类型 B 的数据包含用户 3

聚类中心点 B=15/1=15

类型 C 的数据包含用户 2、用户 4、用户 5、用户 6、用户 7

聚类中心点 C=（22+20+30+18+32）/5=122/5=24.4

因此，更新后的聚类中心点如下。

聚类中心点 A=14

聚类中心点 B=15

聚类中心点 C=24.4

第五步：重新计算 A、B、C 的数值。

根据修正后的聚类中心点，重新计算 A、B、C 的数值。

> **运营输入：** 请根据以下要求进行计算。
> 聚类中心点 A=14，聚类中心点 B=15，聚类中心点 C=24.4
> 计算并填充 A 列的值，计算公式 =（（购买频次−聚类中心点 A）^2）^（1/2）
> 计算并填充 B 列的值，计算公式 =（（购买频次−聚类中心点 B）^2）^（1/2）
> 计算并填充 C 列的值，计算公式 =（（购买频次−聚类中心点 C）^2）^（1/2）
> 列出 A、B、C 每一列的计算公式。
> 计算并填充最小距离的值，计算公式 =A、B、C 中的最小值。
> 计算并填充类型的值，计算公式 = 对应最小距离的列名称。

AI 输出：

以下是根据您提供的要求进行计算并填充表格的过程。

列出 A、B、C 每一列的计算公式。
A=（（购买频次-14）^2）^（1/2）
B=（（购买频次-15）^2）^（1/2）
C=（（购买频次-24.4）^2）^（1/2）
计算并填充最小距离的值。
最小距离 =MIN（A,B,C）
计算并填充类型的值。
类型 = 对应最小距离的列名称
以下是填充后的表格。

用户ID	购买频次	A	B	C	最小距离	类型
用户1	14	0	1	10.4	0	A
用户2	22	8	7	2.4	2.4	C
用户3	15	1	0	9.4	0	B
用户4	20	6	5	5.4	5	B
用户5	30	16	15	5.6	5.6	C
用户6	18	4	3	6.4	3	B
用户7	32	18	17	7.6	7.6	C

第六步：再次更新聚类中心点。

> **运营输入：** 请根据以下要求更新聚类中心点。
> 聚类中心点 A= 类型 A 的购买频次之和 / 类型 A 的数据个数。
> 聚类中心点 B= 类型 B 的购买频次之和 / 类型 B 的数据个数。
> 聚类中心点 C= 类型 C 的购买频次之和 / 类型 C 的数据个数。

AI 输出：
以下是我根据您提供的计算公式，计算出的新的聚类中心点。
类型 A 的数据包含用户 1
聚类中心点 A=14/1=14
类型 B 的数据包含用户 3、用户 4、用户 6
聚类中心点 B=（15+20+18）/3=53/3=17.67
类型 C 的数据包含用户 2、用户 5、用户 7
聚类中心点 C=（22+30+32）/3=84/3=28
因此，更新后的聚类中心点如下。

聚类中心点 A=14

聚类中心点 B=17.67

聚类中心点 C=28

第七步：重新计算 A、B、C 的数值。

运营输入： 请根据以下要求进行计算。

聚类中心点 A=14，聚类中心点 B=17.67，聚类中心点 C=28。

计算并填充 A 列的值，计算公式 = ((购买频次-聚类中心点 A)^2)^(1/2)。

计算并填充 B 列的值，计算公式 = ((购买频次-聚类中心点 B)^2)^(1/2)。

计算并填充 C 列的值，计算公式 = ((购买频次-聚类中心点 C)^2)^(1/2)。

列出 A、B、C 每一列的计算公式。

计算并填充最小距离的值，计算公式 =A、B、C 中的最小值。

计算并填充类型的值，计算公式 = 对应最小距离的列名称。

AI 输出：

以下是根据您提供的要求进行计算并填充表格的过程。

列出 A、B、C 每一列的计算公式。

A= ((购买频次-14)^2)^(1/2)

B= ((购买频次-17.67)^2)^(1/2)

C= ((购买频次-28)^2)^(1/2)

计算并填充最小距离的值。

最小距离 =MIN（A,B,C）

计算并填充类型的值。

类型 = 对应最小距离的列名称

以下是填充后的表格。

用户ID	购买频次	A	B	C	最小距离	类型
用户1	14	0	3.67	14	0	A
用户2	22	8	4.33	6	4.33	B
用户3	15	1	2.67	13	1	A
用户4	20	6	2.33	8	2.33	B
用户5	30	16	12.33	2	2	C
用户6	18	4	0.33	10	0.33	B
用户7	32	18	14.33	4	4	C

第八步:再次更新聚类中心点。

> **运营输入**:请根据以下要求更新聚类中心点。
> 聚类中心点 A= 类型 A 的购买频次之和 / 类型 A 的数据个数。
> 聚类中心点 B= 类型 B 的购买频次之和 / 类型 B 的数据个数。
> 聚类中心点 C= 类型 C 的购买频次之和 / 类型 C 的数据个数。

> **AI 输出**:
> 以下是我根据您提供的计算公式,计算出的新的聚类中心点。
> 类型 A 的数据包含用户 1、用户 3
> 聚类中心点 A=(14+15)/2=29/2=14.5
> 类型 B 的数据包含用户 2、用户 4、用户 6
> 聚类中心点 B=(22+20+18)/3=60/3=20
> 类型 C 的数据包含用户 5、用户 7
> 聚类中心点 C=(30+32)/2=62/2=31
> 因此,更新后的聚类中心点如下。
> 聚类中心点 A=14.5
> 聚类中心点 B=20
> 聚类中心点 C=31

第九步:重新计算 A、B、C 的数值。

> **运营输入**:请根据以下要求进行计算。
> 聚类中心点 A=14.5,聚类中心点 B=20,聚类中心点 C=31。
> 计算并填充 A 列的值,计算公式 =((购买频次−聚类中心点 A)^2)^(1/2)。
> 计算并填充 B 列的值,计算公式 =((购买频次−聚类中心点 B)^2)^(1/2)。
> 计算并填充 C 列的值,计算公式 =((购买频次−聚类中心点 C)^2)^(1/2)。
> 列出 A、B、C 每一列的计算公式。
> 计算并填充最小距离的值,计算公式 =A、B、C 中的最小值。
> 计算并填充类型的值,计算公式 = 对应最小距离的列名称。

> **AI 输出**:
> 以下是根据您提供的要求进行计算并填充表格的过程。

列出 A、B、C 每一列的计算公式。

A＝（（购买频次-14.5）^2）^（1/2）

B＝（（购买频次-20）^2）^（1/2）

C＝（（购买频次-31）^2）^（1/2）

计算并填充最小距离的值。

最小距离 ＝MIN（A,B,C）

计算并填充类型的值。

类型 ＝ 对应最小距离的列名称

以下是填充后的表格。

用户ID	购买频次	A	B	C	最小距离	类型
用户1	14	0.5	6	17	0.5	A
用户2	22	7.5	2	9	2	B
用户3	15	0.5	5	16	0.5	A
用户4	20	5.5	0	11	0	B
用户5	30	15.5	10	1	1	C
用户6	18	3.5	2	13	2	B
用户7	32	17.5	12	1	1	C

第十步：列出 A、B、C 的购买频次。

> **运营输入：** 将类型按照A、B、C进行排序，并说明A、B、C包含哪些购买频次，以表格形式呈现。

AI 输出：

以下是将类型按照 A、B、C 进行排序的表格。

用户ID	购买频次	A	B	C	最小距离	类型
用户1	14	0.5	6	17	0.5	A
用户3	15	0.5	5	16	0.5	A
用户6	18	3.5	2	13	2	B
用户4	20	5.5	0	11	0	B
用户2	22	7.5	2	9	2	B
用户5	30	15.5	10	1	1	C
用户7	32	17.5	12	1	1	C

类型 A 包含的购买频次：14,15

类型 B 包含的购买频次：18,20,22

类型 C 包含的购买频次：30,32

我们已经完成了 K 均值聚类算法分析，将数据从统计学角度划分成以下三类。

类型 A，购买频次"低"，包含 14～15 的数值区间。

类型 B，购买频次"中"，包含 18～22 的数值区间。

类型 C，购买频次"高"，包含 30～32 的数值区间。

4.3.9 线性回归分析：判断变量关联与趋势走向

线性回归是一种判断不同数据之间是否存在相关性的分析方法。它通过建立一个线性模型来描述自变量与因变量之间的关系，并通过拟合最佳的直线来预测因变量的值。这里需要掌握两个概念，即自变量和因变量。

自变量（x）是影响因变量（y）的原因或条件，而因变量是受到这些条件影响而产生的结果。比如，在生活中我们都知道饮食和运动会对一个人的体重造成影响。如果一个人增加了饮食摄入，减少了运动，那么这个人的体重可能会增加；反之，如果他减少了饮食并增加了运动，那么这个人的体重可能会下降。饮食和运动是我们可以控制的因素，也就是自变量；而体重是受到饮食和运动影响的结果，也就是因变量。

在线性回归中，自变量可以是一个或多个，而因变量通常是连续的数值型变量。通过收集数据样本，并利用最小二乘法等技术，线性回归可以估计出回归方程的系数，从而得到一个可以解释因变量变化的模型。

比如，我们想知道不同页面的用户自然浏览次数是否会对用户消费金额产生影响，就可以使用线性回归进行分析。通过建立模型，我们可以预测不同页面自然浏览次数与消费金额之间的关系，并据此进行相关预测和制定有针对性的运营策略，以提升相关页面的自然浏览次数并增加用户的消费金额。

在统计学中，当自变量只有一个时，我们通常将其称为一元线性回归；当自变量有两个及以上时，则称之为多元线性回归。线性回归的优点在于其简单性和可解释性。它可以帮助我们理解自变量与因变量之间的关系，并进行预测和推断。

接下来通过一个案例让 AI 协助我们完成线性回归分析。

某互联网电商平台希望分析广告投入与销售收入之间的关系，以了解广告投入对销售额的影响，从而调整广告投入预算。表 4.10 是最近一段时间的广告投入和销售收入的原始数据。

表 4.10 原始数据

月份	广告投入(万元)	销售收入(万元)
3月	20	100
4月	30	150
5月	25	120
6月	37	180
7月	41	200

第一步：将原始数据发送给 AI。

运营输入：请将数据以表格形式进行呈现。

AI 输出：

以下是原始数据的表格呈现形式。

月份	广告投入(万元)	销售收入(万元)
3月	20	100
4月	30	150
5月	25	120
6月	37	180
7月	41	200

第二步：计算均值。

运营输入：计算"广告投入"和"销售收入"的均值。

AI 输出：

计算广告投入和销售收入的均值，可以使用以下公式。

广告投入均值 =（3月广告投入 +4月广告投入 +5月广告投入 +6

月广告投入+7月广告投入)/月份数

销售收入均值=(3月销售收入+4月销售收入+5月销售收入+6月销售收入+7月销售收入)/月份数

广告投入均值=(20+30+25+37+41)/5=30.6(万元)

销售收入均值=(100+150+120+180+200)/5=150(万元)

因此,广告投入的均值为30.6万元,销售收入的均值为150万元。

第三步:求和(广告投入-广告投入均值)×(销售收入-销售收入均值)。

运营输入: 求和(广告投入-广告投入均值)×(销售收入-销售收入均值),列出计算过程。

AI输出:

计算求和(广告投入-广告投入均值)×(销售收入-销售收入均值),需要分别计算每个月的值,然后将它们相加,以下是计算过程。

计算每个月的(广告投入-广告投入均值)和(销售收入-销售收入均值)的乘积。

(20-30.6)×(100-150)=(-10.6)×(-50)=530

(30-30.6)×(150-150)=(-0.6)×0=0

(25-30.6)×(120-150)=(-5.6)×(-30)=168

(37-30.6)×(180-150)=(6.4)×30=192

(41-30.6)×(200-150)=(10.4)×50=520

计算总和。

530+0+168+192+520=1410

因此,求和(广告投入-广告投入均值)×(销售收入-销售收入均值)=1410。

第四步:求和(广告投入-广告投入均值)^2。

运营输入: 求和(广告投入-广告投入均值)^2,列出计算过程。

AI 输出:

计算求和（广告投入–广告投入均值）^2，需要分别计算每个月的值，然后将它们相加，以下是计算过程。

计算每个月的（广告投入–广告投入均值）^2。

(20–30.6)^2=112.36

(30–30.6)^2=0.36

(25–30.6)^2=31.36

(37–30.6)^2=40.96

(41–30.6)^2=108.16

计算总和。

112.36+0.36+31.36+40.96+108.16=293.2

因此，求和（广告投入–广告投入均值）^2 =293.2。

第五步：计算斜率 m。

在线性回归模型 $y=mx+b$ 中，m 表示自变量对因变量的影响程度。如果 m 为正值，说明广告投入的增加与销售收入的增加呈正相关；如果 m 为负值，说明广告投入的增加与销售收入的减少呈负相关。

运营输入： 计算线性回归模型 y=mx+b 中的 m，计算公式 = 求和（广告投入–广告投入均值）×（销售收入–销售收入均值）/ 求和（广告投入–广告投入均值）^2。

AI 输出:

线性回归模型 y=mx+b 中的斜率 m 可以通过以下公式计算。

m= 求和（广告投入–广告投入均值）×（销售收入–销售收入均值）/ 求和（广告投入–广告投入均值）^2。

代入之前计算的已知的值。

m=1410/293.2=4.81

因此，斜率 m=4.81。

第六步：计算截距 b。

截距 b 表示当自变量为 0 时，因变量的值，即回归线与 y 轴的相交点。

> **运营输入**：计算线性回归模型 y=mx+b 中的截距 b，计算公式 = 销售收入均值−m× 广告投入均值，结果保留 2 位小数。

> **AI 输出**：
> 线性回归模型 y=mx+b 中的截距 b 可以通过以下公式计算。
> b= 销售收入均值−m× 广告投入均值。
> 代入之前计算的已知的值。
> b=150−4.81×30.6=2.81
> 因此，截距 b=2.81。

第七步：列出线性回归方程。

> **运营输入**：根据计算结果列出线性回归方程，并进行预测性说明。

> **AI 输出**：
> 根据计算结果，线性回归方程为：
> y=4.81x+2.81
> 这是广告投入（x）与销售收入（y）之间的线性关系的方程。您可以将需要预测的自变量的值代入回归方程中，计算出因变量的预测值。

第八步：计算相关系数 r。

相关系数 r 可以衡量自变量和因变量之间的线性强度，其取值范围在-1～1，具体意义如下。

如果 r 在 0.8～1，表示存在非常强的正相关性。

如果 r 在 0.6～0.8，表示存在较强的正相关性。

如果 r 在 0.4～0.6，表示存在中等的正相关性。

如果 r 在 0.2～0.4，表示存在较弱的正相关性。

如果 r 在 0～0.2，表示存在非常弱的正相关性，或者几乎没有线性关系。

> **运营输入**：计算相关系数 r，列出计算过程。

AI 输出:

相关系数 r 的计算公式如下。

r= 求和（广告投入-广告投入均值）×（销售收入-销售收入均值）/（求和（广告投入-广告投入均值）^2* 求和（销售收入-销售收入均值）^2）^0.5

代入之前计算的已知的值。

r=（530+0+168+192+520）/（293.2*6800）^0.5

r=1410/1412.01

r=0.9986

因此，相关系数 r=0.9986。

AI 已经完成了线性回归分析，我们可以得出结论：广告投入和销售收入存在非常强的正相关性。也就是说，随着广告投入的增加，销售收入也会明显增加。此外，我们还可以通过线性回归模型预测销售收入。比如，当下个月的广告投入预算为 50 万元时，我们可以根据之前的线性回归方程，对销售收入进行预测。

运营输入: 请根据计算结果进行以下预测。
当广告投入为 50 万元时，销售收入为多少？

AI 输出:

根据线性回归模型 y=4.81x+2.81，其中 x 是广告投入，y 是销售收入。将广告投入 50 代入模型。

y=4.81*50+2.81

y=243.31

因此，根据线性回归模型的预测，当广告投入为 50 万元时，销售收入为 243.31 万元。

需要注意的是，销售收入的预测，是建立在二者已经存在很强相关性的基础上，如果二者不存在相关性，或者存在非线性关系，则无法进行有效预测。